Dr. med. Peter Scholz

Brottrunk

Dr. med. Peter Scholz

Brottrunk

Gesundheit aus dem Getreidekorn

Heilen, entschlacken und genießen

fit fürs Leben Verlag

Die Studien und Erkenntnisse über die Anwendungen
in diesem Buch wurden sorgfältig recherchiert und nach
bestem Wissen und Gewissen wiedergegeben.
Alle Informationen ersetzen aber in keinem Fall ärztlichen
Rat und ärztliche Hilfe. Bei erkennbaren Krankheiten ist in
jedem Fall ein Arzt aufzusuchen. Der Verlag und der Autor
übernehmen keinerlei Haftung für Schäden, die sich
durch Anwendung der dargestellten Behandlungsmethoden
oder Rezepturen ergeben, und übernehmen auch keinerlei
Verantwortung für medizinische Forderungen.

Dr. med. Peter Scholz
Brottrunk
Gesundheit aus dem Getreidekorn
Heilen, entschlacken und genießen

1. Auflage 1998
Copyright by Fit fürs Leben-Verlag
in der Waldthausen GmbH & Co. KG
27718 Ritterhude

Titel: Peter Jaruschewski
Gestaltung: Martina Wessels
Lektorat: Britta Kurtz
Druck: Druckservice Rotenburg
Fotos: Wirths PublicRelations

Dieses Buch wurde auf chlorfrei gebleichtem
Papier gedruckt.

ISBN 3-89526-024-X
Printed in Germany

Inhaltsverzeichnis

Vorwort

Die Menschen des 20. Jahrhunderts stehen schwierigen, oft wider die Natur gerichteten Lebensbedingungen gegenüber. Die meisten von uns sind dem Streß des täglichen Arbeitsalltags, der Hetze und dem Trubel der Großstadt, den leistungsfordernden Freizeitansprüchen und der geringen Zeit für Familie und Freunde ausgesetzt. Die Einheit von Körper, Geist und Seele ist oft empfindlich gestört. Schlechte Luft, Umweltgifte, Nahrungsmittelzusatzstoffe, Medikamente wie Antibiotika, Kortison oder Schmerzmittel sowie falsche oder einseitige Ernährung sind neben den psychischen Belastungssituationen die Hauptfaktoren für chronische Erkrankungen. Diese äußern sich z.B. in Allergien, Hauterkrankungen, Magen-Darmtrakt-Störungen, chronischen Infektionen, Erkrankungen des rheumatischen Formenkreises, Krebserkrankungen, aber auch in chronischen Pilzerkrankungen und hormonellen Fehlregulationen.

Der Magen-Darm-Trakt ist neben der Haut und den Lungen die größte Kommunikations- und Austauschfläche mit der Außenwelt. Die physiologische Darmflora mit ihrer lebenden Bakterienwelt ist entscheidend an den Abwehrmechanismen des Körpers beteiligt. Bakterien helfen bei der Aufschlüsselung der Nahrungsmittel mit Vitamin- und Enzymsynthese und bei der Ausscheidung von Stoffwechselendprodukten und Giftstoffen. Die Wahl der richtigen Lebensmittel ist die Grundvoraussetzung für einen gesunden Darm.

Mit Brottrunk steht ein uns Nahrungsmittel zur Verfügung, das eine gesunde Ernährung unterstützt. Wissenschaftliche Untersuchungen zu Inhalt und Wirkung des Brottrunks haben seine positiven Auswirkungen auf die Ge-

sundheit des Menschen bewiesen. Studien über den Einsatz des Brottrunks bei verschiedenen Krankheitsbildern werden in diesem Buch eindrucksvoll beschrieben.

Die milchsaure Kost, die in Urgroßmutters Küche noch einen festen Platz hatte, sollte wieder auf unserem Speiseplan stehen. Sie ist ein wichtiger Baustein für unsere Ernährung, die jeder zur Gesunderhaltung nutzen kann. Die Vermittlung dieser wichtigen Erkenntnis wird dem Leser des vorliegenden Buches durch praktische Anwendungstips und Kochrezepte erleichtert. Mit Brottrunk als täglichem Lebensmittel steht uns eine natürliche Vorsorge zur Verhütung von Erkrankungen zur Verfügung.

Prof. Dr. med. Ingrid Gerhard
Universitäts-Frauenklinik Heidelberg

Dr. med. Astrid Blank
Universitäts-Frauenklinik Heidelberg

Einleitung

Die biologische Herstellung von Lebensmitteln spielt bereits seit Jahrtausenden in der Landwirtschaft eine herausragende Rolle, um Umwelt und Lebewesen optimal miteinander zu ergänzen. In unserer modernen, durch Umwelt- und Krankheitsprobleme belasteten Gesellschaft ist jede Rückbesinnung auf eine natürliche Ernährung von großer Bedeutung, genauso wie es der bekannte Ausspruch von *Hippokrates* (460–377 v. Chr.) lehrte: *»Eure Nahrungsmittel sollen eure Heilmittel sein, und eure Heilmittel sollen eure Nahrung sein«.*

So ist auch seit langer Zeit ein Kunstgriff der Natur bekannt, mit dem die Fäulnis von Lebensmitteln verhindert wird: das Säuern. Die ältesten Nachrichten über Vergärung von Salzkohl finden sich bei den Römern. *Plinius* (61–113 n. Chr.) und der Schriftsteller und Landwirt *Columella* (um 60 n. Chr.) berichten über Gärerzeugnisse, ebenso der griechische Arzt *Dioskurides* (1. Jh. n. Chr.).

Milchsaure Lebensmittel für die Gesundheit

Diese milchsauren Gärerzeugnisse dienten nicht nur der Ernährung, sondern vorwiegend der Gesunderhaltung. So waren insbesondere die Japaner bei der Herstellung des *»miso«* genannten Vergärungsproduktes aus der leicht angekochten Sojabohne mit fermentiertem Reis erfolgreich. In Rußland, in den Balkanstaaten sowie in China sind die zivilisatorischen und chronischen Krankheiten sehr viel weniger verbreitet als in unseren Kulturkreisen. Dort steht der Genuß vitalstoffreicher und milchsaurer Lebensmittel auf dem täglichen Speiseplan.

Bereits im 17. Jahrhundert verwendete der bekannte Arzt und Chemiker *Friedrich Hoffmann* für die Herstellung seiner *»Hoffmanns Tropfen«* überwiegend Pumpernickel.

9

Auch andere Ärzte schätzten die heilsame Wirkung des Pumpernickels hoch ein. Man bezeichnete es als das »erste medizinische Nahrungsmittel« und lobte seine nährenden, leichtverdaulichen und zugleich verdauungsregulierenden Eigenschaften. Pumpernickel galt als die gesündeste aller bekannten Brotsorten. Aus diesem Brot bereitete man ebenfalls einen heilsamen Trunk, der »Braut-water« genannt wurde. Einige Scheiben Pumpernickel wurden mit kochendem Wasser übergossen und am nächsten Tag als Durstlöscher mit aufs Feld genommen.

Pumpernickel –
das schwarze Brot
der Westfalen

Aus dieser Art »Brotkaffee« wurde 250 Jahre später der Brottrunk entwickelt. Um ein vergorenes Brotgetränk zu erhalten, wird Vollkornbrot mit Quellwasser versetzt und das Brot somit fermentiert. Durch einen langen Fermentierungs- und Vergärungsvorgang entstehen Brotgetreidesäure-Bakterien. Diese Bakterien haben Eigenschaften, die man in der Wissenschaft bislang noch nicht kannte. Internationale Fachleute, Mediziner und Wissenschaftler beschäftigten sich mit dem Phänomen der Brottrunkbakterien. Sie führten mit diesem Lebensmittel Kliniktests bei Kranken und Gesunden durch sowie Bodenuntersuchungen kontaminierter Böden. Pflanzen aller Arten sowie Gewässer wurden damit behandelt, und sogar in Tierställen wurde die Brotgetreidesäure eingesetzt. Die langjährige Arbeit mit chronisch Kranken, führte zu dem Ergebnis, daß Brottrunk die Selbstheilungskräfte aktiviert.

Im Anhang finden Sie eine Auswahl wissenschaftlicher Studien, die bisher mit Brottrunk durchgeführt wurden.

fit fürs Leben

I. Vom Brot zum Brottrunk

Brot – der Inbegriff der Gesundheit

Verfolgt man die lange Geschichte des Brotes zurück, die immerhin 6.000 Jahre alt ist, wird deutlich, daß mit dem Getreide stets sorgfältig umgegangen wurde, sei dies bei der Aussaat oder bei der Verarbeitung. Das Getreide ist nie roh gegessen, sondern immer mit Hitze behandelt worden. Ein bemerkenswerter Ausspruch aus alter Zeit ist bis heute erhalten geblieben: »*Die Spreu vom Weizen trennen*« – das bedeutete, daß das Mehl ausgebeutet wurde. Bemerkenswert ist der Spruch deshalb, weil man schon sehr früh erkannte, daß Kleiespelze unverträglich und der Gesundheit nicht dienlich ist.

Brot ist eines der ältesten Nahrungsmittel

Bekannt ist der Variantenreichtum des Brotes. Es wird versäuert und mit Hefe als Kleingebäck, als größerer Brotlaib, als Ring, in Stangenform usw. gebacken; früher versah man es sogar mit heiligen Zeichen. Die Völker in der Antike wußten, daß ein Leben ohne Brot den Menschen kraft- und somit wehrlos macht. Die Germanen kannten den Hafer, er wurde in der Regel als Suppe gekocht, entspelzt und von den Randschichten befreit.

Heutzutage steht uns eine viel größere Auswahl an Lebensmitteln zur Verfügung als noch vor 100 oder 1.000 Jahren. Daher könnte man die Frage stellen: Hat das tägliche Brot für unser Leben überhaupt noch eine Bedeutung? Die Antwort kann aus medizinisch-ernährungsphysiologischer Sicht nur lauten: Es ist wie vor 1.000, 2.000 oder 3.000 Jahren – Menschen, die sich vom Brot distanzieren und sich mit anderen Lebensmitteln ernähren, besitzen nicht dieselbe Leistungsfähigkeit wie diejenigen, für die Brot ein Grundnahrungsmittel darstellt.

Brot reguliert die Darmflora, indem es im Organismus Brotgetreidesäuren bildet, die einen Schutz gegen viele krankmachende Keime darstellen. Äußerst bekömmlich und reich an Ballaststoffen ist das in der Brotkultur unserer französischen Nachbarn weitverbreitete Weißbrot, das Baguette. Es beinhaltet durch die langen Gärvorgänge sehr viele Enzyme, aufgeschlossene Mineralstoffe, Vitamine und Spurenelemente.[1]

Der österreichische Arzt *Dr. Mayr* entwickelte sogar eine medizinische Diät- und Reinigungskur mit Brot. Er gab seinen übergewichtigen und kranken Patienten mit den unterschiedlichsten Befunden weiße getrocknete Brötchen zu essen sowie eine Tasse Milch pro Tag zu trinken. Darüber hinaus mußten sie sehr viel Flüssigkeit zu sich nehmen. Dadurch wurden die Zellen mit lebensnotwendigen Stoffen versorgt, der gesamte Körper entgiftet und die Darmtätigkeit angeregt. Diese Kur ist eine hervorragende Entfettungs- und Entschlackungs-Reinigungskur ohne die geringsten Nebenwirkungen. Die »Milch-Semmel-Kur« von *Dr. Mayr* wird von zahlreichen Ärzten – den »*Dr. Mayr*-Ärzten« – auf der ganzen Welt angewandt.

Eine Tasse rohe Milch am Tag regt die Darmtätigkeit an

Die Brot-Tropfen des *Dr. Hoffmann*

Der deutsche Arzt und Chemiker *Friedrich Hoffmann* (1660–1742) entdeckte den Pumpernickel als Naturheilmittel und entwickelte daraus seine sogenannten »*Hoff-*

---

[1] *Diese gesundheitlichen Vorzüge lassen sich ebenfalls über die Brotsorten deutscher Bäckereien sagen. Deutschland ist das Land mit der größten Brotvielfalt. Hier wird Brot jeder Geschmacksrichtung angeboten, vom Baguette über den Pumpernickel bis zum Natursauerteigbrot oder einem mit Hefe gebackenen Brot*

manns-Tropfen«. Er schilderte, wie Kranke, die wegen ihrer körperlichen Schwäche kaum Nahrung zu sich nehmen konnten, einen Sud oder eine Suppe aus schwarzem Brot gut vertragen hätten. *Dr. Hoffmann* verfaßte als einer der ersten Mediziner eine Abhandlung über die Wirkung des schwarzen Brotes. Darin betonte er, wie Pumpernickel die Abwehrkräfte des Körpers stärke und vor allem vor Fieberkrankheiten bewahre. Als Beweis galten ihm Beobachtungen am westfälischen Volk, das seltener vom hitzigen Fieber befallen würde. Auch führte er die Kraft, die die Westfalen befähige, schwerste Arbeiten zu verrichten, auf den Verzehr ihres schwarzen Brotes zurück. Er verwies weiter darauf, daß man schon im Altertum kleiehaltiges Brot gekannt habe, »coliphium« genannt, das besonders von Wettkämpfern zum Aufbau ihrer Kräfte als Frühstück genossen wurde.

Pumpernickel stärkt die Abwehrkräfte des Körpers

Über die theoretischen Betrachtungen hinaus verfaßte *Dr. Hoffmann* eine Anleitung, wie aus Pumpernickel der heilsame Trank gegen Hitze und Fieber herzustellen ist. Seine noch bis in unsere Tage verwendeten »*Hoffmanns* Tropfen« *(Liquor ano dynus Hoffmanni)* zählten zu den erfolgreichsten. Der mit Pumpernickel entwickelte Heiltrank bestand aus 1 Pfund Brot, das angefeuchtet und zerstoßen wurde, $^1/_2$ Pfund *Succi cancrorum fluviatilium,* das ist der Saft von ausgepreßten Flußkrebsen, Maientau, 4 Unzen Rosenöl, $^1/_2$ Unze Muskatnuß und ein Quentchen Safran. Das alles wurde destilliert und in Fläschchen abgefüllt.

Auch der berühmte Chemiker *Justus Liebig* (1803–1873) beschäftigte sich mit dem westfälischen Pumpernickel. Er schrieb in seinem »Zweiunddreißigsten Chemischen

13

Brief«: »*In Deutschland wird in vielen Gegenden, namentlich in Westphalen, die Kleie mit dem Mehle zu dem sogenannten Pumpernickel verbacken, und es gibt kein Land, in welchem die Verdauungswerkzeuge der Menschen sich in besserem Zustande befinden. Die Grenzen des Niederrheins und Westphalens lassen sich an der ganz besonderen Größe der Überreste genossener Mahlzeiten erkennen, welche Vorübergehende an Hecken und Zäunen hinterlassen, und es sind diese ausgezeichneten Documente des Verdauungswerthes, welche den Ärzten in England vielleicht die Idee eingeflößt haben, den Englischen großen Brod aus ungebeuteltem Mehl zu empfehlen, welches in vielen Häusern einen Bestandteil des Frühstückes ausmacht.*« *Justus Liebig* hielt, also genau wie schon *Friedrich Hoffmann,* den Pumpernickel für ausgesprochen gesundheitsfördernd.

Brottrunk: Gesundheit aus dem Glas

Brottrunk – ein ganz besonderer Saft

Die Grundlage dieses besonderen Saftes ist ein Brot, das nach einem speziellen Verfahren aus Roggen, Weizen und Hafer – alle biologisch angebaut – gebacken wird. Dieses Brot wird ausschließlich für die Verarbeitung zum Brottrunk hergestellt. Anschließend wird es mit Quellwasser versetzt und durch Vergärungsprozesse und Fermentierungsverfahren über einen längeren Zeitraum (Wochen bis Monate) ohne chemische Zusätze behandelt. Nach Abschluß der Fermentation wird der Brottrunk abgefiltert und abgefüllt.

Neben Vitaminen, Mineralstoffen, Spurenelementen, Enzymen und bioaktiven Fermenten enthält Brottrunk pro Milliliter über fünf Millionen koloniebildende, lebende

Brotmilchsäurebakterien. Diese sind säureresistent, haben einen pH-Wert von 2,9 und wirken positiv auf die Haut, auf das Blut und auf den Darm. 100 ml Brottrunk enthalten 7,7 kcal, 1,1 g Eiweiß und 0,06 g Kohlenhydrate.

Brotmilchsäure-
bakterien hemmen
Krankheitserreger

Aus der abgefilterten Gärsubstanz wird ein Fermentgetreide hergestellt, das ähnlich positive Eigenschaften wie Brottrunk besitzt. Fermentgetreide ist ein brotmilchsäurehaltiges Produkt aus fermentiertem Vollkornbrot und besteht aus vergorenem Weizen, Roggen und Hafer. Fer-

Die ganze Kraft des Kornes im Glas

mentgetreide ist luftgetrocknet und eignet sich als Beigabe zum Müsli, als Basis für pikante Brotaufstriche oder als Speisezusatz zu Suppen und Saucen (siehe die schmackhaften Rezepte ab Seite 75). Es ist reich an Vitaminen und Mineralstoffen und enthält ebenso wie Brottrunk lebende Brotmilchsäurebakterien sowie bioaktive Fermente.

Milchsäurebakterien befinden sich im menschlichen Organismus, wo sie als Teil der Darmflora sehr wichtige Aufgaben wahrnehmen. Sie sorgen für die Synthese bestimmter Vitamine und gewährleisten die sogenannte Kolonisationsresistenz, indem sie durch die Produktion von Milchsäure ein Ansiedeln von oral aufgenommenen, pathogenen Keimen in der Darmschleimhaut verhindern. Desweiteren haben Milchsäurebakterien eine spezielle Desinfektionswirkung, da sie Wasserstoffionen abgeben können. Auf diese Weise werden Krankheitserreger und Toxine von Bakterien gehemmt, die unter anderem auch Immunglobuline angreifen und damit das Immunsystem schwächen. Aber auch außerhalb des Darms, auf der Haut, werden Milchsäurebakterien aktiv. Sie gewährleisten dort den Säureschutzmantel der Haut.

Milchsäurebakterien stabilisieren den Säureschutzmantel der Haut

2. Inhalt und Wirkung von Brottrunk

Vitamine und Mineralstoffe: Winzlinge mit Riesenpower

Unser Bedarf an vielen Vitaminen und Mineralstoffen ändert sich in Abhängigkeit vom Alter, der Stoffwechsellage und der körperlichen Belastung. Unsere Ernährung muß diese individuellen Bedürfnisse erfüllen, insbesondere wenn der Bedarf sich erhöht oder die Verwertung dieser Stoffe eingeschränkt ist. Leider ernähren sich nur die wenigsten Menschen ideal, im Gegenteil: Gerade in Belastungssituationen und in kritischen Lebensphasen neigen wir verstärkt zu Ernährungsfehlern. Streß, starke körperliche und seelische Beanspruchung, Frust und Kummer werden nicht selten in falschem Essen und Trinken abreagiert (z.B. mit Süßigkeiten, Alkohol). Auch eine Schwangerschaft, eine Diät oder diverse Krankheiten ziehen leicht Ernährungsfehler nach sich und führen so zu einem Defizit an Vitaminen und Mineralstoffen. Dazu kommt der Einfluß der einzelnen Lebensphasen (Jugend, Pubertät, Alter). Das bei Kindern und Jugendlichen begehrte »Fast-Food«, das Essen aus Imbißbuden, enthält zwar genügend Kalorien; viele Vitamine und Mineralstoffe sind allerdings kaum enthalten.

Um einem Mangel vorzubeugen, sollte man seine Ernährung gründlich überprüfen und sich eventuell ganz von alten Koch- und Eßgewohnheiten trennen (siehe das Kapitel »Nahrung ist die beste Medizin«).

Brottrunk verhindert eine Mangelernährung, da er alle Vitamine, Mineralstoffe und Spurenelemente des wertvollen Getreidekorns enthält. Denn Vitamine und Mineralstoffe sind lebensnotwendige Nahrungsbestandteile. Sie liefern

Eine gesunde Ernährung beinhaltet Vitamine, Mineralstoffe und Spurenelemente

17

Wir essen zwar genug, aber dabei ernähren wir uns vielfach falsch

zwar keine Energie, sind aber für viele Stoffwechselprozesse sowie für ein gesundes Wachstum unentbehrlich. Dabei genügen meist winzige Mengen, um enormes zu leisten! Eigentlich dürfte es angesichts des großen Nahrungsangebots und der weitverbreiteten Überernährung keinen Vitamin- und Mineralstoffmangel geben, doch das Gegenteil ist der Fall: Wir essen zwar genug, aber dabei ernähren wir uns vielfach falsch. Wir vernachlässigen die Vitamine und Mineralstoffe, berücksichtigen sie zuwenig beim Einkauf und der Zubereitung unserer Lebensmittel, und wir denken nicht daran, daß sich der Bedarf dieser Lebensspender auch einmal erhöhen kann. Die Folgen eines Vitamin- und Mineralstoffdefizits sind vielfältig, nicht selten führen sie zu schweren körperlichen und psychischen Störungen.

Die Vitamine unterteilt man nach ihrer Löslichkeit in fettlösliche und wasserlösliche Vitamine. Zu den fettlöslichen gehören die Vitamine A, D, E und K, zu den wasserlöslichen alle Vitamine des B-Komplexes (B_1, B_2, B_6, Niacin, Pantothensäure, Folsäure, Biotin und Vitamin B_{12}) sowie das Vitamin C. Die fettlöslichen Vitamine können im Körper gespeichert werden, wenn wir mehr zu uns nehmen, als wir brauchen. Ein Übermaß an wasserlöslichen Vitaminen dagegen wird mit dem Urin ausgeschieden.

Die fettlöslichen Vitamine

Vitamin A (Retinol) und Provitamin A (Carotin)

Vorkommen:	Vitamin A in Leber, Seefisch, Eigelb, Butter, Käse, Milch. Die Vitamin-Vorstufe Provitamin A (Carotin) ist in Gemüse und Obst enthalten. Wichtig für den Sehvorgang, die Fortpflanzung und die Haut
Empfohlene Zufuhr:	Frauen 0,8, Männer 1,0 Milligramm pro Tag
Mangelsymptome:	Nachtblindheit, Haut-, Knochen- und Zahnschäden
Besonderheiten:	Überdosierung möglich, aber selten

Vitamin D (Calciferol)

Vorkommen:	Als Vitamin-D-Vorstufen in Lachs, Sardinen, Hering, Lebertran und in pflanzlichen Nahrungsmitteln. Unter Einwirkung von UV-Licht erfolgt die Umwandlung zu aktiven Vitamin D in der Haut. Wichtig für den Transport von Calcium und Phosphor
Empfohlene Zufuhr:	Erwachsene 5 Mikrogramm pro Tag, Schwangere und Stillende 10 Mikrogramm
Mangelsymptome:	Störungen im Knochen- und Nervensystem, Knochen- und Gebißdeformierungen (Rachitis)
Besonderheit:	Vitamin D kann mit Hilfe von Sonnenlicht auch vom Körper selbst hergestellt werden

Vitamin E (Tocopherole)

Vorkommen:	In pflanzlichen Ölen (Weizenkeimöl, Sonnenblumenöl), Saaten, Keimen (Weizenkeime), grünen Pflanzenteilen und Getreide. Der Vitamin-E-Gehalt in Pflanzenölen hängt ab von dem Gehalt an ungesättigten Fettsäuren. Wichtig als Radikalfänger, für den Zellschutz und die Immunabwehr
Empfohlene Zufuhr:	Erwachsene 12 Milligramm pro Tag bei gemischter Kost. Schwangere und Stillende 14 bis 17 Milligramm pro Tag
Mangelsymptome:	Kommt praktisch nicht vor
Besonderheit:	Überdosierung möglich, Vorsicht bei Selbstmedikation

Vitamin K (Chinone)

Vorkommen:	In tierischen und pflanzlichen Geweben, wird auch von unseren Darmbakterien produziert. Wichtig für die Bildung der Blutgerinnungsfaktoren
Empfohlene Zufuhr:	Frauen 60, Männer 80 Mikrogramm pro Tag
Mangelsymptome:	Blutgerinnungsstörungen, verzögerte Blutgerinnung

Die wasserlöslichen Vitamine

Vitamin-B-Komplex

Alle B-Vitamine haben Coenzymfunktionen, d.h. sie wirken als Bestandteil von Stoffwechselenzymen und greifen damit in viele biochemische Prozesse ein. Dementsprechend vielseitig zeigt sich ein Mangel: Hautschäden (verschiedene Formen der Dermatitis), Nervenschädigungen, Wachstums- und Entwicklungsstörungen

Vitamin B_1 (Thiamin)

Vorkommen:	In Schweinefleisch, Leber, Brot und Getreideprodukten, Kartoffeln und Hülsenfrüchten. Wichtig für den Energiestoffwechsel und das Nervensystem
Empfohlene Zufuhr:	Frauen 1,1, Männer 1,3 Milligramm pro Tag, Schwangere 1,5, Stillende 1,7 Milligramm pro Tag
Mangelsymptome:	Störungen im Kohlenhydrat-Stoffwechsel, Muskelschwund, neurologische Störungen
Besonderheit:	Erhöhter Bedarf bei erhöhter Energiezufuhr und bei chronischem Alkoholmißbrauch

Vitamin B_2 (Riboflavin)

Vorkommen:	In Milch und Milchprodukten, Fleisch, Fisch, Eiern, Brot und Getreideprodukten. Wichtig für viele biochemische Reaktionen
Empfohlene Zufuhr:	Frauen 1,5, Männer 1,7 Milligramm pro Tag, Schwangere 1,8, Stillende 2,3 Milligramm pro Tag
Mangelsymptome:	Wachstumsstörungen, schuppige Haut, Hautentzündungen (Mundwinkeleinrisse)

Vitamin B_6 (Pyridoxin)

Vorkommen:	In Geflügel- und Schweinefleisch, Fisch, Hülsenfrüchten, Kartoffeln, Bananen, Brot, Getreideprodukten und Weizenkeimen. Wichtig in vielen enzymatischen Prozessen, insbesondere im Aminosäurestoffwechsel, für das Nervensystem, die Immunabwehr und die Blutbildung
Empfohlene Zufuhr:	Frauen 1,6, Männer 1,8 Milligramm pro Tag, Schwangere 2,6, Stillende 2,2 Milligramm pro Tag
Mangelsymptome:	schuppige Dermatitis, neurologische Störungen

Niacin (Nicotinsäureamid und Nicotinsäure)

Vorkommen:	In Fleisch, Innereien, Fisch, Eiern, Milch. Wichtig für den Auf- und Abbau von Kohlenhydraten, Fettsäuren und Aminosäuren
Empfohlene Zufuhr:	Frauen 15, Männer 18 Milligramm pro Tag, Schwangere 17, Stillende 20 Milligramm pro Tag
Mangelsymptome:	Haut- und Schleimhautveränderungen, psychische Störungen

Pantothensäure

Vorkommen:	In Leber, Muskelfleisch, Fisch, Milch, Brot und Getreideprodukten sowie Hülsenfrüchten, generell weit verbreitet. Wichtig für den Nährstoffabbau und die Fettsäuresynthese
Empfohlene Zufuhr:	6 Milligramm pro Tag
Mangelsymptome:	Beim Menschen nicht bekannt

Folsäure

Vorkommen:	In Blattgemüse, Spinat, Salat, Spargel, Getreideprodukten, Leber. Wichtig für die Zellteilung, die Zellneubildung und die Blutbildung, generell für Wachstum und Entwicklung
Empfohlene Zufuhr:	Erwachsene 300 Mikrogramm Gesamtfolsäure pro Tag, Schwangere 600, Stillende 450 Mikrogramm
Mangelsymptome:	Veränderungen der Mundschleimhaut, Durchfälle, herabgesetzte Antikörperbildung, Anämie

Biotin

Vorkommen:	In Leber, Sojabohnen, Eigelb, Nüssen, Haferflocken, Sardinen, Blumenkohl, Champignons, Linsen. Wichtig für den Aminosäureabbau und die Fettsäurebiosynthese
Empfohlene Zufuhr:	Erwachsene 30 bis 100 Mikrogramm pro Tag
Mangelsymptome:	Dermatitis, Schwäche, Mattigkeit, Muskelschmerzen, Appetitlosigkeit, Übelkeit
Besonderheit:	Das im rohen Eiklar des Hühnereies enthaltene Avidin bindet Biotin und macht es für den Körper unbrauchbar

Vitamin B_{12} (Cobalamin)

Vorkommen:	In tierischen Lebensmitteln (Leber, Muskelfleisch, Fisch, Eiern, Käse, Milch). Cobalamin wird auch im Darm durch Laktobakterien gebildet. Es ist wichtig für die Blutbildung und die Folsäurefunktion
Empfohlene Zufuhr:	3 Mikrogramm pro Tag, Schwangere 3,5, Stillende 4,0 Mikrogramm pro Tag
Mangelsymptome:	Blutarmut, Schädigung des Nervensystems

Vitamin C (Ascorbinsäure)

Vorkommen:	In Obst und Gemüse (Kiwi, Orangen, Sanddorn, Paprika, Kartoffeln), Obstsäften, Salat, Kräutern. Wichtig als Reduktionsmittel, als Radikalfänger für die Immunabwehr, als Erkältungsschutz, für die Verwertung von pflanzlichem Eisen und für den Schutz vor krebserregenden Nitrosaminen
Empfohlene Zufuhr:	Erwachsene 75 Milligramm pro Tag, Schwangere 100, Stillende 125 Milligramm pro Tag
Mangelsymptome:	Erschöpfung, Müdigkeit, Gelenk- und Gliederschmerzen, Leistungsabfall, Blutungen der Mundschleimhaut und des Zahnfleisches, Zahnausfall, Depressionen, schlechte Wundheilung, Infektanfälligkeit, Skorbut

Mineralstoffe

	Bei den Mineralstoffen unterscheidet man die Mengenelemente, die in Mengen über 50 mg pro Kilogramm Körpermasse im menschlichen Organismus vorkommen, und die Spurenelemente, die in geringeren Konzentrationen im Körper enthalten sind

Die Mengenelemente

Natrium

Vorkommen:	In Kochsalz (Natriumchlorid), kochsalzhaltigen Lebensmitteln und in Mineralwasser. Wichtig für den Wasserhaushalt, das Säure-Basen-Gleichgewicht, für Muskeln und Nerven, für einige Enzyme und für die Blutdruckregulation
Empfohlene Zufuhr:	Erwachsene 2 Gramm pro Tag (= 5 Gramm Kochsalz)
Mangelsymptome:	Übelkeit, Antriebslosigkeit, Erbrechen, Verwirrung, Kollapsneigung, Krämpfe
Besonderheit:	Zuviel Kochsalz kann Bluthochdruck begünstigen

Kalium

Vorkommen:	In Gemüse, Brot, Nüssen, Bananen, Pilzen, Weizenkeimen, Kartoffeln. Wichtig für den osmotischen Druck, für einige Enzyme, für die Herztätigkeit, für Muskeln und Nerven
Empfohlene Zufuhr:	Erwachsene 2 bis 4 Gramm pro Tag
Mangelsymptome:	Muskelschwäche, Darmlähmung, Herzfunktionsstörungen
Besonderheit:	Kaliumreiche Kost wirkt blutdrucksenkend

Chlorid

Vorkommen:	In Kochsalz (Natriumchlorid), salzhaltigen Lebensmitteln und in Mineralwasser. Wichtig für den Säure-Basen-Haushalt, die Ionenbilanz und als Bestandteil der Magensäure
Empfohlene Zufuhr:	Erwachsene 3 Gramm pro Tag
Mangelsymptome:	Muskelschwäche, Alkalose (Verschiebung des Säure-Basen-Gleichgewichts zur alkalischen Seite)

Kalzium

Vorkommen:	In Milch, Milchprodukten und Brot. Wichtig für Knochen und Zähne, für die Reizübertragung, die Muskelfunktion, für die Blutgerinnung und für einige Enzyme
Empfohlene Zufuhr:	Erwachsene 800 bis 900 Milligramm pro Tag, Schwangere 1.200, Stillende 1.300 Milligramm pro Tag
Mangelsymptome:	Muskelkrämpfe, Tetanie, Osteoporose

Phosphor

Vorkommen:	Praktisch in allen Lebensmitteln. Wichtig für den Knochenaufbau, die Energieübertragung und den Aufbau von Zellmembranen
Empfohlene Zufuhr:	Erwachsene 1.300 Milligramm pro Tag, Schwangere 1.600, Stillende 1.700 Milligramm pro Tag
Mangelsymptome:	Körperliche Schwäche, rachitische Symptome, nur in extrem schlechter Ernährungslage

Magnesium	
Vorkommen:	In grünem Gemüse, Brot und Getreideprodukten, Weizenkeimen, Nüssen, Milch, Fleisch, Fisch, Kartoffeln, Beerenfrüchten und Bananen. Wichtig für viele Enzyme, für die Reizübertragung, die Muskelkontraktion und für die Vorbeugung gegen Herzinfarkt
Empfohlene Zufuhr:	Frauen 300, Männer 350 Milligramm pro Tag, Schwangere 300, Stillende 375 Milligramm pro Tag
Mangelsymptome:	Muskelverkrampfungen, Kribbeln und Taubheitsgefühl in den Händen, Wadenkrämpfe

Schwefel	
Vorkommen:	In senfölhaltigen Pflanzen (Meerrettich, Kresse, Kohl, Rettich, Knoblauch) und in eiweißhaltigen Produkten. Wichtig für die Bildung einiger Eiweißstoffe sowie von einigen Vitaminen und Hormonen, Stärkung der körpereigenen Abwehr
Empfohlene Zufuhr:	keine Angaben
Mangelsymptome:	unbekannt

Die Spurenelemente

Eisen	
Vorkommen:	In Fleisch, Fleischwaren, Gemüse, Hülsenfrüchten und Brot. Wichtig für den Sauerstofftransport im Blut, als Bestandteil des roten Blut- und Muskelfarbstoffs, als Enzymbaustein, für die Gehirnfunktion und die Radikalabwehr
Empfohlene Zufuhr:	Frauen 15 Milligramm, Männer 10 Milligramm pro Tag, Schwangere 30, Stillende 20 Milligramm pro Tag
Mangelsymptome:	Nachlassen der Leistungsfähigkeit, Infektanfälligkeit, Anämie
Besonderheit:	Eisen aus pflanzlicher Nahrung wird schlechter verwertet als tierisches Eisen, in Kombination kann die Ausnutzung von Pflanzeneisen verbessert werden. Auch Vitamin C steigert die Ausnutzung von Pflanzeneisen

Zink

Vorkommen:	In Muskelfleisch, Innereien, Fisch, Schalentieren, Milch, Brot, Getreidekeimen, Nüssen, Haferflocken, Gemüse. Wichtig als Bestandteil von Enzymen und Hormonen sowie als Aktivator und Katalysator, für die Wundheilung, im Aminosäure-Stoffwechsel und im Abwehrsystem
Empfohlene Zufuhr:	Erwachsene 15 Milligramm pro Tag, Schwangere 20, Stillende 25 Milligramm pro Tag
Mangelsymptome:	Hautstörungen, Wachstums- und Entwicklungsstörungen, Antriebslosigkeit
Besonderheit:	Die Zinkaufnahme wird durch den Pflanzeninhaltsstoff Phytinsäure vermindert, durch Eiweiß erhöht. Tierisches Zink wird besser verwertet als pflanzliches; in Kombination ist die Ausnutzung von pflanzlichem Zink erhöht

Jod

Vorkommen:	Fische, Meeresfrüchte, Milchprodukte. Wichtig für die Bildung der Schilddrüsenhormone und den Energiestoffwechsel
Empfohlene Zufuhr:	Erwachsene 200 Mikrogramm pro Tag, Schwangere 230, Stillende 260 Mikrogramm pro Tag
Mangelsymptome:	Kropfbildung (Schilddrüsenvergrößerung)

Fluorid

Vorkommen:	In Trinkwasser, Mineralwasser, schwarzem Tee, Vollkornprodukten, Fisch. Wichtig für den Kariesschutz, für die Knochenbildung bei Neugeborenen und in der Rachitisprophylaxe
Empfohlene Zufuhr:	1 Milligramm pro Tag
Besonderheit:	Eine Fluoridsupplementierung ist nur sinnvoll, wenn die tägliche Zahnpflege optimal ist und der Zuckerkonsum eingeschränkt wird. Vorsicht: Überdosierung leicht möglich

Kupfer

Vorkommen:	In Innereien, Fisch und Meeresfrüchten, Nüssen, Kakao und diversen Gemüsen. Wichtig als Enzymbestandteil für die Mobilisierung von Eisen, bei der Energiegewinnung, beim Aufbau des Bindegewebes, beim Schutz der Zellmembranen vor freien Radikalen, bei der Pigmentierung von Haut und Haaren und bei der Bildung von neurologisch wirksamen Substanzen
Empfohlene Zufuhr:	1,5 bis 3,0 Milligramm pro Tag (Schätzwert)
Mangelsymptome:	Gestörtes Blutbild, Knochen- und Bindegewebsschäden, Osteoporose und verminderte Pigmentierung von Haut und Haaren

Mangan

Vorkommen:	In pflanzlichen Nahrungsmitteln (Teeblätter, Brot, Getreide u.Getreidekeime, Walnüsse, Hülsenfrüchte). Wichtig als Aktivator für viele Enzyme
Empfohlene Zufuhr:	2 bis 5 Milligramm pro Tag (Schätzwert)
Mangelsymptome:	unspezifisch

Selen

Vorkommen:	Leber, Fleisch, Getreide, Hülsenfrüchte. Wichtig als Enzymebestandteil, als Antioxidans bei der Radikalabwehr, für das Sehvermögen, die Herzfunktion und in der Krebsprophylaxe
Empfohlene Zufuhr:	20 bis 100 Mikrogramm pro Tag
Mangelsymptome:	unspezifisch, aber verstärktes Auftreten von Krebs, Infarkten, Virusinfektionen, Hautkrankheiten und Gelenkerkrankungen in selenarmen Gebieten
Besonderheit:	In hoher Dosierung toxisch, deshalb keine Selbstmedikation

Silizium

Vorkommen:	In Hirse, Gerste, Hafer, Naturreis, Kartoffeln. Wichtig als Wachstumsfaktor, Baustoff für Knochen, Knorpel und Bindegewebe, für das Wachstum von Haaren und Fingernägeln
Empfohlene Zufuhr:	20 bis 30 Mikrogramm
Mangelsymptome:	Juckreiz, Haarausfall, Abwehrschwäche, Bandscheibenbeschwerden

Weitere Spurenelemente sind Chrom, Cobalt, Nickel und Molybdän. Sie sind weitverbreitet und spielen vor allem für die Aktivierung von Enzymen eine Rolle. Cobalt ist ein wichtiger Bestandteil des Vitamin B_{12}. Ein Mangel dieser Stoffe ist äußerst selten und bei unserer Ernährung nicht zu erwarten. Nickel kann eine Allergie auslösen, entscheidend ist allerdings hierfür der Hautkontakt mit nickelhaltigen Gegenständen. Welche Bedeutung Vanadium und Zinn im menschlichen Stoffwechsel zukommt, ist noch nicht vollständig erforscht. Sie zählen deshalb zu den möglicherweise essentiellen Spurenelementen. Die Spurenelemente Arsen, Blei und Cadmium sind eindeutig als Gifte einzustufen, obwohl sie in geringen Konzentrationen im menschlichen Körper vorkommen. Noch sind ihre biochemischen Funktionen unbekannt, auch über die physiologisch wirksamen Konzentrationen weiß man wenig.

Bereits ein Glas Brottrunk (0,2 l) trägt dazu bei, die normale Nahrung des Menschen besser verdaulich zu machen.

Brotmilchsäure – wichtig für einen gesunden Organismus

Milchsäure trägt zur Entgiftung bei

Wie es der Begriff Milchsäure bereits ausdrückt, macht sie Milch und Milchprodukte sauer. Nur durch Milchsäure kommt der charakteristische, milchsäuerliche Geschmack von Joghurt, Buttermilch, und Kefir zustande. Aber die Milchsäure kann noch viel mehr: sie wirkt auch konservierend und sterilisierend. Seit Jahrhunderten wird daher die positive Wirkung dieser Genußsäure bei der Herstellung von Lebensmitteln, im Haushalt und in der Landwirtschaft

genutzt. Wir finden sie im Sauerteig, in Sauerkraut und auch im Brottrunk, der milchsauer vergoren wird.

Am Entstehen der Milchsäure sind stets Mikroorganismen beteiligt, die sogenannten Milchsäurebakterien. Es gibt zwei Arten von Milchsäure, die $D(^-)$- und $L(^+)$-Milchsäure. Rechtsdrehende $L(^+)$-Milchsäure, die die Ebene des polarisierten Lichts nach rechts dreht, ist sehr wertvoll für den Körper. Sie kann von der Leber in Energie umgewandelt werden. Linksdrehende Milchsäure, die polarisiertes Licht nach links dreht, kann als aktiver flüssiger Ballaststoff angesehen werden, der alle Körperregionen erreicht und Ablagerungen und Verkalkungen zur Auflösung bringen kann. Milchsäure wird im Gewebe abgelagert und trägt zur Entgiftung bei.

Im menschlichen Organismus befinden sich Milchsäurebakterien, die als äußerst wichtiger Bestandteil unserer Darmflora den Körper bei der Abwehr von schädlichen Stoffen unterstützen. Das ist besonders wichtig, da der Darm die größte Kontaktfläche des Menschen zur Außenwelt (400 Quadratmeter Schleimhautfläche) darstellt, und Keime aller Art überwiegend mit der Nahrung in den Darm gelangen.

Der Darm ist die größte Kontaktfläche des Menschen zur Außenwelt

29

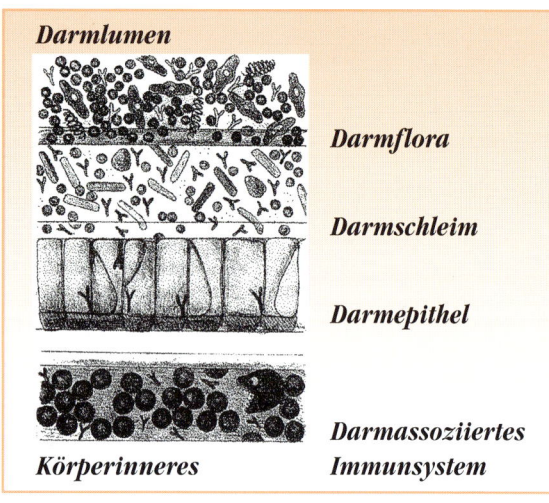

Die vier Abwehrbarrieren am Darm

Im Darm leben nützliche und schädliche Mikroorganismen

Unsere Darmflora besteht aus ca. 150 verschiedenen Gattungen und Arten von Mikroorganismen und befindet sich im gesunden Zustand in einem Gleichgewicht. Dabei spielen Milchsäurebakterien eine entscheidende Rolle, denn sie sorgen für den richtigen Säuregrad im Darm.

Die Zusammensetzung unserer Darmflora und damit das Gleichgewicht zwischen nützlichen und schädlichen Mikroorganismen kann jedoch durch unterschiedliche Einflüsse erheblich gestört werden. Dazu zählen einseitige Ernährung, Umweltbelastungen, Allergien, Verdauungsprobleme, Unverträglichkeiten, Streß, Kaffee, Alkohol und Krankheiten. Wenn es zu einem Ungleichgewicht kommt oder das Darmmilieu nicht sauer genug ist, können sich schädliche Fäulniskeime oder Pilze im Darm hundert- bis tausendfach vermehren. Dies kann zu Schleimhautschäden und inneren Vergiftungen führen.

Des weiteren regen Milchsäurebakterien die Ausscheidung von Verdauungssäften und die Bewegung des Darms an. Der Abbau der Nahrungsstoffe im Magen-Darm-Bereich wird verbessert und Verdauungsstörungen wie Verstopfungen und Blähungen vermindert.

Die Wirkung der Milchsäure ist aber nicht nur auf den Darm beschränkt. Milchsäure hilft, unseren Säure-Basen-Haushalt im Gleichgewicht zu halten, indem sie als Basenspender die Zahl der Säuren reduziert und eine Übersäuerung des Körpers verhindert. Auch auf die Haut hat Milchsäure Einfluß, durch sie wird der Säureschutzmantel der Haut aufrechterhalten und Infektionen der Körperöffnungen (Mundhöhle, weibliche Genitalien, Enddarm) gehemmt. Aufgrund der zahlreichen Brotmilchsäurebakterien im Brottrunk kann er nicht nur getrunken, sondern auch äußerlich bei Schuppenflechte und Neurodermitis erfolgreich angewendet werden (siehe das Kapitel »Brottrunk in der Naturheilkunde«, ab Seite 35). Auch im Rahmen einer Krebsprophylaxe werden zunehmend milchsäurereiche Lebensmittel wie z.B. Sauermilchprodukte, Brottrunk und milchsauervergorene Gemüse empfohlen.

Milchsäure kann aus sehr vielen unterschiedlichen Lebensmitteln entstehen. Die Auswirkungen der Milchsäure auf den Stoffwechsel von Mensch und Tier sind deshalb von dem jeweiligen Lebensmittel abhängig. Die in diesem Buch beschriebenen Verbesserungen der Gesundheit beruhen auf den Auswirkungen der Brotgetreidemilchsäuren.

Brotmilchsäure gleicht den Säure-Basen-Haushalt aus

Die positiven Wirkungen der Brotmilchsäurebakterien und Enzyme im Körper:

Kolonisationsresistenz

Als Bestandteil der Darmflora sind die Milchsäurebakterien an der Gewährleistung der sogenannten Kolonisationsresistenz (Schutz im Darm vor Giften) beteiligt, indem sie durch das Ausscheiden von Milchsäure, der Herstellung eines sauren Milieus, ein Ansiedeln von schädlichen Keimen in der Darmschleimhaut verhindern

Vitaminsynthese

Brotmilchsäure-bakterien regen die Verdauung an

Als Bakterien der Darmflora sind Milchsäurebakterien an der Synthese von Vitaminen beteiligt. Zahlreiche Vitamine (B_1, B_2, B_6) Niacinsäure-Amid und Vitamin B_{12} werden beispielsweise erst in Anwesenheit von Milchsäurebakterien im Darm synthetisiert und nutzbar gemacht

Desinfektionswirkung

Der Milchsäure wird eine besondere Desinfektionswirkung zugeschrieben, da sie Wasserstoffionen freisetzen kann. Die Entwicklung von Krankheitskeimen, aber auch von Toxinen des Bakterienstoffwechsels, werden dadurch gehemmt

Regulation des Säure-Basen-Gleichgewichts

Milchsäurebakterien sind in der Lage, unseren Säure-Basen-Haushalt auszugleichen und unseren Körper von Schlacken und Giften zu befreien. Die Milchsäure wirkt dabei als Basenspender und verringert die Anzahl der Säuren. Die Übersäuerung des Körpers wird reduziert

32

Erhaltung des Säureschutzmantels

Milchsäurebakterien sind bei der natürlichen Schutzwirkung gegen Infektionen der Körperöffnungen aktiv. Der Säureschutzmantel der Haut wird durch die Milchsäure aufrechterhalten

Stärkung des Immunsystems

Milchsäure stärkt das Immunsystem im Darm. Durch die Milchsäure wird der gesamte Darm in ein saures Milieu versetzt, welches das Immunsystem stabilisiert

Stimulierung der Verdauung

Milchsäurebakterien regen die Ausscheidung von Verdauungssäften an, der Abbau der Nahrungsstoffe im Magen-Darm-Bereich wird verbessert. Auch die Darmbewegung wird erhöht und Verdauungsstörungen wie Verstopfung und Blähungen vermindert

Enzyme und Fermente: Biokatalysatoren der lebenden Zelle

Enzyme und Fermente und ihre vielfältigen Wirkungen sind heutzutage in aller Munde. Doch nur wenige Menschen wissen, was sich hinter diesen Stoffen verbirgt. Chemisch betrachtet sind Enzyme komplizierte Eiweißkörper, die von lebenden Organismen produziert werden. Wir finden sie in allen tierischen und pflanzlichen Zellen. Dort funktionieren sie als sogenannte Biokatalysatoren.[2]

Enzyme fördern die Entgiftung des Körpers

[2] *Welche wichtige Rolle Enzyme für unsere Gesundheit spielen, beschreibt der Heilpraktiker* **Wolfgang Spiller** *in seinem Buch »Lebensaktive Enzyme. Das Powerprinzip der Gesundheit«*

Als Organisatoren sind Enzyme und Fermente ähnlich wie viele kleine »Heinzelmännchen« an allen chemischen Reaktionen in unserem Körper beteiligt, ohne selbst dabei verändert zu werden. Je nach Bedarf beschleunigen oder hemmen sie Vorgänge. So helfen sie uns z.B. bei der Verdauung unserer Nahrung und bei sämtlichen Auf-, Um- und Abbauvorgängen im Körper. Ohne sie wäre keine Entgiftung möglich, und wir würden wahrscheinlich mit vollem Magen verhungern.

Es gibt unzählige Enzyme und Fermente, von denen jedes seine spezielle Aufgabe erfüllt, ähnlich wie ein Schlüssel, der nur in ein bestimmtes Schloß paßt. Der Bart dieser »Schlüssel« besteht aus Vitaminen und Spurenelementen. Enzyme und Fermente sind auch an der Nachreifung und am Verderb von Lebensmitteln beteiligt. In der Lebensmittelproduktion werden Fermente und spezielle Bakterienarten zur Herstellung von Joghurt, Alkohol, Käse (Labferment) u.a. eingesetzt.

Ab einem Alter von 25 Jahren haben wir einen erhöhten Enzymbedarf

Ein gesunder Mensch ist in der Lage, selbst genügend dieser Biokatalysatoren herzustellen. Bei Krankheiten, Depressionen oder Streß haben wir aber häufig einen erhöhten Bedarf. Außerdem wird im Alter von etwa 25 Jahren die Eigenproduktion verschiedener Enzyme und Fermente eingestellt. Um diesen erhöhten Bedarf zu decken, helfen uns Enzyme, die in bestimmten Nahrungsmitteln besonders reichlich enthalten sind. Eingesäuertes Gemüse, Brot und Brottrunk sind sehr reich an diesen lebenden Enzymen. Da Brottrunk nicht pasteurisiert wird, enthält er die oben beschriebenen Brotmilchsäurebakterien, die in der Lage sind, wichtige Enzyme und Fermente zu produzieren.

3. Brottrunk in der Naturheilkunde

Nahrungsmittelallergie und -intoleranz

Schätzungsweise 5 bis 7% der Bevölkerung leiden an durch Lebensmittel ausgelösten allergischen Erkrankungen. Bei Patienten mit Asthma bronchiale ist in 12–15% der Fälle mit einer relevanten Nahrungsmittelallergie zu rechnen, bei Urtikaria- (Nesselsucht) und Quincke-Ödemen (Gesichtsschwellung) geht man von 20–40% aus, bei Neurodermitikern von maximal 10–20%.

Nahrungsmittelallergien sind, wie die meisten allergischen Erkrankungen, genetisch bedingt. Es kommt zu einer überschießenden Bildung von hautsensibilisierenden Antikörpern und somit zu umgehenden Überempfindlichkeitsreaktionen. Durch die Passage im Magen-Darm-Kanal kann eine Verzögerung der klinischen Reaktionen eintreten. Die Stärke der Reaktion ist abhängig von der Dosis des jeweiligen Lebensmittels und seiner allergenen Potenz sowie vom individuellen Sensibilisierungsgrad.

Die meisten allergischen Erkrankungen sind genetisch bedingt

Die Häufigkeit von Nahrungsmittelallergien hängt immer auch von den Verzehrgewohnheiten in der Bevölkerung ab, so daß entsprechend dem technologischen und industriellen Wandel eine Veränderung bei den häufigen Lebensmittelallergien zu erwarten ist. Wichtig ist dabei die Tatsache, daß fortwährend neue Lebensmittel entwickelt werden. Ein Beispiel dafür ist die zunehmende Verbreitung von Soja; ein häufiges Nahrungsallergen. Genaue Zahlen für die eindeutige Zunahme von Nahrungsmittelallergien gibt es allerdings nicht. Festzustellen ist jedoch eine Verbreiterung der Allergenpalette bei vielen Patienten.

Sensibilisierung gegen Nahrungsmittelallergene bei 480 Patienten		
	Total	in Prozent
Kräuter und Gewürze	(133)	26,76%
Nüsse, Samen	(92)	18,51%
Obst	(80)	16,09%
Getreide, Malz	(60)	12,07%
Gemüse, Hülsenfrüchte	(49)	9,85%
Kuhmilch, Fleisch	(36)	7,24%
Hühnerei, Geflügel	(25)	5,03%
Fisch, Schalentiere	(5)	1,00%

Milch ist ein häufiges Allergen bei Kindern

Während bei Säuglingen und Kleinkindern (entsprechend ihrer Ernährung) Kuhmilch und Hühnereier häufige Allergene sind, überwiegen bei Erwachsenen entgegen den allgemeinen Erwartungen Allergien durch Obst, Nüsse, Gemüse und Getreide.

Brottrunk zur Vorbeugung und Behandlung von Allergien

Brottrunk wird in der Naturheilkunde seit mehr als 15 Jahren zur Vorbeugung und Behandlung von Krankheiten angewandt. Verschiedene wissenschaftliche Studien haben bewiesen, daß Brottrunk u.a. eine entgiftende Wirkung besitzt, das Immunsystem des Menschen stärkt *(Prof. Grossart-Maticek)*, Stoffwechselerkrankungen vorbeugen hilft *(Prof. Grossart-Maticek, Dr. Renzenbrink)*, den Verdauungsapparat stabilisieren kann *(Dr. Scholz, Dr. Ionescu, Dr. Renzenbrink)*, krankmachende Keime entfernen *(Dr. Scholz, Dr. Ionescu)*, und den Abbau von

verschiedenen Schwermetallen fördern kann *(Dr. Lesetschko).*[3]

Einige Besonderheiten sind bei der Anwendung von Brottrunk aufgefallen:

- Frauen, die während der Schwangerschaft Brottrunk getrunken haben, bekamen ausschließlich gesunde Kinder, obwohl Vater oder Mutter selbst an einer Atopie (Allergie, Asthma, Hauterkrankung) leiden
- Viele Beschwerden, wie zum Beispiel Verstopfung, Juckreiz, Schlafstörungen, Schmerzen, Antriebsschwäche, Husten und Schnupfen, besserten sich und traten nicht mehr auf

Im Mai 1994 befragten wir über 1.700 Personen, die Brottrunk tranken.

1.700 Brottrunk-Konsumenten wurden befragt

Unter anderem wurde gefragt:

- Aus welchem Grund trinken Sie Brottrunk?
- Haben Sie in der Zeit der Anwendung ein Kind bekommen?
- Hat dieses Kind eine Allergie?
- Konnten Sie die Wirkung von Brottrunk deutlich an sich messen oder spüren?
- Konnten Sie gesundheitliche Auswirkungen feststellen?

Die Auswertung von 1.705 Fragebögen führte zu folgenden Ergebnissen, die relevant für alle Atopiker sind:

[3] *Im Anhang finden Sie eine Auswahl der wissenschaftlichen Studien mit Brottrunk*

37

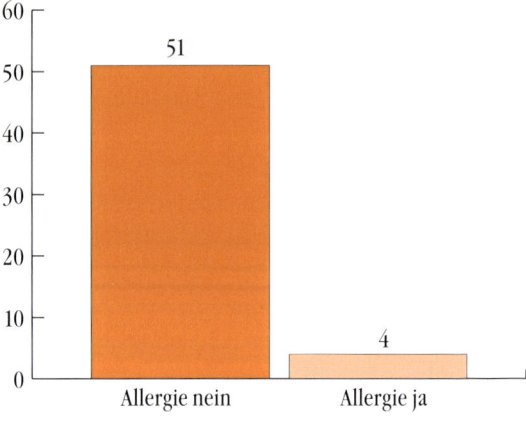

Allergie-Häufigkeit

Diese Abbildung zeigt die Allergie-Häufigkeit bei Neugeborenen von Allergikerinnen, die während der Schwangerschaft Brottrunk zu sich genommen haben. Eine Allergie tritt bei 7% der Kinder auf. Im Bevölkerungsdurchschnitt bekommen selbst Kinder nicht belasteter Eltern zu 13% Allergien. Ist ein Elternteil belastet, steigt die Wahrscheinlichkeit auf über 30%. Zu einer Zeit, in der Allergien immer mehr zunehmen und fast zu einer Art Volkskrankheit geworden sind (z.Zt. gibt es ca. 25 Mill. hautempfindliche Allergiker, die Zuwachsrate liegt jährlich bei 10%, bereits jedes 3. Neugeborene weist eine Allergie auf), steht mit Brottrunk ein ausgezeichnetes Mittel für die Prävention zur Verfügung.

Jedes dritte Kind wird mit einer Allergie geboren

Die untere Abbildung zeigt die Beschwerden, auf die sich Brottrunk positiv ausgewirkt hat. Bei allgemeinem Unwohlsein, zur Verdauung sowie zur Vorsorge konnte Brottrunk am erfolgreichsten eingesetzt werden. Des weiteren

zeigt sich aber eine positive Wirkung von Brottrunk vor allem bei chronischen Krankheiten und Atopien. Bedenkt man, daß hautempfindliche Allergien bei etwa 30% der Bevölkerung vorliegen, so sind die Aussagen der Teilnehmer (Allergie 17%, Haut 29%) durchaus repräsentativ. Ein weiterer Hinweis auf die positive Beeinflussung des Immunsystems ist die deutliche Wirkung bei Krankheiten wie z.B. Abwehrschwäche und Infektanfälligkeit (17%).

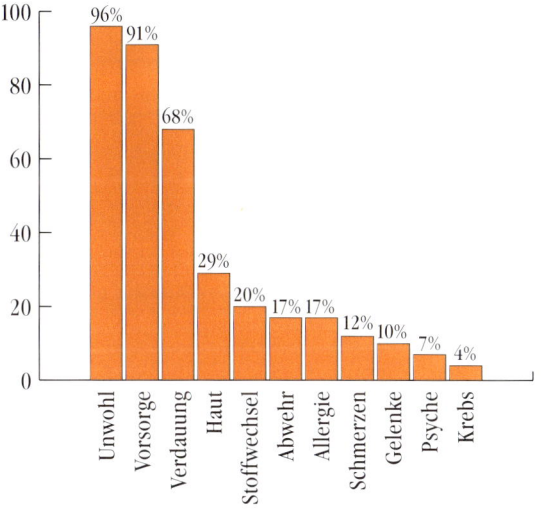

Positivaussagen zu Beschwerden

Grundsätzlich hat sich bei der Behandlung sowie der Prävention von Allergien eine natürliche und gesunde Ernährung bewährt. Problematische Nahrungsmittel sollten aus der Kost ausgeschlossen werden.

Problematische Nahrungsmittel sollten aus der Kost ausgeschlossen werden

Problematische Nahrungsmittel bei Allergien	Erlaubte Nahrungsmittel bei Allergien
histaminreiche Nahrungsmittel: vergorener Käse, Tomaten, Anchovis, Heringseier, Sauerkraut	**Fleisch:** Rind, Kalb, Geflügel, Lamm
	Fisch: Seefisch, Forelle
histaminfreisetzende Nahrungsmittel: Fisch, Erdbeeren, Schokolade, Alkohol	**Nährmittel:** Kartoffeln, Nudeln ohne Ei, Misch- (Sauerteigbrot) und Weißbrot, Stärke, Mehl Typ 550, Fermentgetreide
vasoaktive Amine: Serotonin (Käse), Octopamin (Zitrusfrüchte), Dopamin (Schokolade)	**Gemüse:** alle Gemüsesorten (außer Tomate, Sellerie, Fenchel, Bohnen, Erbsen, Mais)
häufige Allergene: Gleitmittel, Farbstoffe, Bleichmittel, Teflon, Pestizide, Konservierungsstoffe	**Obst:** alle Obstsorten (außer Zitrusfrüchte, Erdbeeren, Dörrobst)
Nahrungsmittelallergene: Bohnen, Milchprodukte, Eier, Zitrusfrüchte, Tomaten, Beeren	**Fette:** Butter, kaltgepreßtes Öl (Sonnenblumen-, Oliven-, Weizenkeimöl)
	Milch: Frischmilch oder homogenisierte Milch, Ziegen- und Schafsmilch
	Käse: milder Käse (außer Gorgonzola, Blauschimmelkäse, Chester)
	Getränke: dünner Kräutertee, reine Fruchtsäfte, Brottrunk, Mineralwasser
	Gewürze: alle Gewürze (außer Paprika, Sellerie, Curry, Fenchel, Cayennepfeffer), Hefegemüsebrühe, Vollmeersalz
	Süßen: Rohrzucker, Honig, Obstdicksaft, Zuckerrübensirup

Wichtig ist, daß Allergiker wenigstens in ihren ersten beiden Lebensjahren nicht mit tierischen Produkten (außer Butter, Ziegen- und Schafsprodukten) ernährt werden sollten.

Mit Brottrunk gegen Neurodermitis

Das, was heute mit »Neurodermitis« beschrieben wird, ist ein endogenes, also im Körper selbst entstehendes, von innen kommendes Ekzem, das überwiegend in Form einer chronischen Hauterkrankung auftritt. Neurodermitis beruht auf einer erhöhten Bereitschaft zu allergischen Reaktionen und dies ganz ohne konkreten Anlaß. Sie äußert sich durch stark juckende, entzündliche Hautrötungen mit Krusten- und Schuppenbildung vor allem im Gesicht, in den Ellenbeugen, Kniekehlen und auf den Handrücken. Betroffene weisen zusätzlich eine Abwehrschwäche gegen Infektionen (Bakterien, Viren, Pilze) auf. Eine ursächliche Therapie ist nicht bekannt, die Symptome werden von schulmedizinischer Seite durch Kortison und Salben gelindert. Zunehmend raten viele Mediziner zu *Phytosterolen,* eine Art pflanzliches Kortison, jedoch ohne dessen Nebenwirkungen, und Klimaänderungen wie Mittelmeer und Hochgebirge.

Brottrunk verbesserte die Darmflora von Neurodermitikern

Der Bundesverband Neurodermitiskranker in Deutschland hat eine Studie mit 20 Patienten mit Neurodermitis und Darmflorastörungen durchführen lassen. Über einen Zeitraum von fünf Wochen wurde bei völligem Verzicht auf innere antibiotische oder antimykotische Behandlung eine steigende Menge Brottrunk verabreicht – anfänglich 30 ml bis letztendlich 300 ml täglich. So stieg die Zahl der Laktobazillen signifikant an, was auf die positive Einwir-

kung des niedrigen pH-Wertes des Brottrunks (pH 2,9) und auf die hohe Milchsäurekonzentration zurückzuführen ist. Die Koloniezahl bei den milchsäureproduzierenden Bifidobakterien stieg deutlich an; die pathogenen Keim-Kolonien nahmen merklich ab. Durch die regelmäßige Einnahme von Brottrunk verbesserte sich die Darmflora der Neurodermitis-Patienten, und dysbiotische Zustände – mitverantwortlich für das Entstehen von endogenen Ekzemen – wurden biologisch korrigiert.

Mit Brotmilchsäure gegen Candida albicans

Der normale Hefepilz gehört zur Darmsymbiose

Lange Zeit ging man in der Medizin davon aus, daß der Pilz Candida albicans eine eigenständige Krankheit ist. Nach heutigen Erkenntnissen steht fest: Es handelt sich um keine Krankheit, vielmehr sind eine falsche Ernährung sowie ein aus dem Gleichgewicht geratener Stoffwechsel verantwortlich für das Entstehen des entarteten Hefepilzes Candida albicans. Der Stoffwechsel ist bei allen Lebewesen ein chemischer Vorgang. Er umfaßt die Aufnahme der Nahrung, ihre Aufspaltung und Überführung in körpereigene Stoffe sowie die Umwandlung der unverwertbaren Rückstände zu Kot und Harn. Der innere Stoffwechsel bewältigt chemische Vorgänge in den Zellen, macht Energie frei und fügt den Abbauprodukten des äußeren Stoffwechsels weitere hinzu. Der Stoffwechsel wird durch Wirkstoffe wie Hormone, Fermente und Vitamine gesteuert. Ist der Haushalt dieser Wirkstoffe gestört, kommt es zu schweren Erkrankungen.

Im Verdauungstrakt befassen sich die Symbionten – Lebewesen, die durch ihr Zusammenleben voneinander profitieren – mit den Ergebnissen unserer Nahrung. Der nor-

male Hefepilz gehört, wenn er nicht entartet ist, mit zur Darmsymbiose. Er bekämpft Hautunreinheiten, Blutarmut und Immunschwächeerkrankungen. Um der Entartung des Pilzes vorzubeugen, ist eine Ernährung mit Getreideerzeugnissen ratsam. Sie liefern hochwertiges Pflanzeneiweiß, Mineralstoffe, Spurenelemente und Vitamine. Aus dem Getreide werden ferner für die Verdauung unverzichtbare Mikroorganismen, insbesondere Brotmilchsäurebakterien, gewonnen. Speziell im Pumpernickel, in Brottrunk und Fermentgetreide (durch fermentative Vergärung von Vollkornbrot hergestellt) befinden sich diese nützlichen Organismen, die nicht nur die Verdauung begünstigen, sondern eine unkontrollierte Vermehrung der Candida-Pilze entscheidend hemmen. Dadurch können diese Hefen positiv für den Körper arbeiten und lebenswichtige Vitamine produzieren.

Brotmilchsäurebakterien können eine unkontrollierte Vermehrung der Candida-Pilze entscheidend hemmen

Anwendung von Brotmilchsäure bei Schuppenflechte

Ein ungeheurer Juckreiz, das Verstecken der oftmals großflächigen rötlichen und häufig wunden Hautflächen sowie die zunehmende Distanz zu den Mitmenschen sind die ständigen Begleiter von Psoriasis-(Schuppenflechte-) Betroffenen. Linderung bringen für kurze Zeit Kuren und Salben, Meerwasser und Bestrahlungen. Vor allem Kuren am Toten Meer in Israel gelten als das ultimative Heilmittel. Als Ärzte begannen, Kortison zu verschreiben, versprachen sich viele Patienten davon die Erlösung. Doch inzwischen weiß man, daß auf Dauer die Nebenwirkungen auf andere Bereiche des Körpers zusätzlich übergehen. Erneut leben die betroffenen Menschen zwischen Hoffen und Bangen.

43

Mittlerweile hat sich die Erkenntnis durchgesetzt, daß die Haut ein Spiegelbild des Darms ist und daß viele Krankheiten ihren Sitz im Darm haben.[4] Darum kann man auch Psoriasis mit der richtigen Ernährung – frisches Gemüse, Getreideprodukte, milchsaure Produkte –, mit Diäten und Kuraufenthalten zum Teil in den Griff bekommen, zumindest aber zurückdrängen. Brottrunk bildet dabei eine wertvolle Unterstützung der natürlichen Stärkung des Immunsystems. Täglich dreimal 0,2 Liter Brottrunk führen zu einer wesentlichen Verbesserung des Krankheitbildes. Gleichzeitig sollten die betroffenen Hautpartien mehrmals täglich mit Brottrunk eingerieben werden.

Die betroffenen Hautpartien mehrmals täglich mit Brottrunk einreiben

An dieser Stelle möchte ich von nur einem der vielen Fälle aus meiner Praxis berichten. Der Patient hatte seit 40 Jahren Schuppenflechte und seit 5 Jahren eine Gelenkentzündung. Über drei Monate trank er täglich Brottrunk, rieb den gesamten Körper mit Brottrunk ab und gab Brottrunk ins Badewasser. Darüber hinaus stellte er seine Ernährung um. Nach drei Monaten wies der Patient einen Rückgang der Erkrankung um 80 Prozent auf, auch die Schmerzzustände hatten sich wesentlich verbessert.

[4] *Wie sinnvoll eine Darmreinigung für die Gesundheit sein kann, beschreibt Dr. Thomas Schultz-Wittner in seinem Ratgeber »Das Buch der ganzheitlichen Darmsanierung. Gesund durch Colon-Hydro-Therapie«. Eine Darmsanierung läßt sich auch hervorragend selbst durchführen. Wie man vorgeht und was dabei zu beachten ist, vermitteln Dr. Devanando Weise und Nicole Eschmann in ihrem Buch »Sanfte Darmreinigung zu Hause. Mit Ayurveda zu neuem Wohlbefinden«*

Brottrunk – positiv bei Diabetes mellitus

Diabetes mellitus hat in den letzten Jahrzehnten stark zugenommen. Allein in Deutschland leben derzeit etwa sechs Millionen Diabetiker. In den Industriestaaten ist dabei die Häufigkeit des Diabetes mellitus vom Typ 2, der in der zweiten Lebenshälfte auftritt, besonders angestiegen. Von den Betroffenen sind fast 75% über 50 Jahre alt, wobei Frauen häufiger erkranken als Männer. Bei der Therapie von Diabetes mellitus spielen die regelmäßige Selbstkontrolle des Blut- und Harnzuckers, eine ausgewogene Ernährung und regelmäßige körperliche Bewegung eine sehr große Rolle.[5] Die positiven Wirkungen von Brottrunk bei Diabetes mellitus zeigt das Ergebnis einer Untersuchung, die von den Niederländern *Dr. D. Houwert* und *Dr. F. Stroms* durchgeführt wurde. Ziel der vorliegenden Untersuchung war es, herauszufinden, ob und wieweit milchsauer vergorene Lebensmittel wie Brottrunk als Nahrungsergänzung einen Einfluß auf die Blutzucker- und HbA_1-Werte (glykolysiertes Hämoglobin) bei Diabetikern haben.

Haben milchsauer vergorene Lebensmittel Einfluß auf den Blutspiegel?

An der Studie nahmen 59 Patients teil, 31 Personen mit Diabetes mellitus Typ 1 und 28 Diabetiker mit Diabetes Typ 2, die nach folgenden Kriterien ausgewählt wurden:

[5] *Die Diagnose »Diabetes« bedeutet nicht unweigerlich Verzicht, strenge Diät und schwere Folgeerkrankungen. Dr. Gernot Storm klärt in seinem Buch »Diabetes von Kindheit an« über die Stoffwechselkrankheit auf und weist den Weg zu einer individuellen Therapie, in der der Patient einen eigenen Zugang zu seiner Krankheit entwickelt*

45

- der Diabetes Typ 2 mußte nach dem 30. Lebensjahr festgestellt worden sein
- die Bereitschaft der Patienten, die Diät einzuhalten und die Selbstkontrollen durchzuführen
- der durchschnittliche HbA_1-Wert der letzten 3 Monate war > 8,5%
- mindestens 2 Glukose-Tagesprofile lagen vor
- Blutzucker-Werte der letzten drei Wochen und HbA_1-Werte der letzten 3 Monate sowie weitere Angaben über biochemische Werte lagen vor

Die Blutzuckerwerte verbesserten sich bei den Diabetikern

Unter Einhaltung einer ausgewogenen Ernährung wurde den Patienten nach einer 12wöchigen Testphase ohne Brottrunk für 12 Wochen das milchsauer vergorene Getränk als Nahrungsergänzung gegeben. Während der Untersuchung wurden folgende Messungen durchgeführt:

- mindestens alle 6 Wochen ein selbständig erstelltes Glukoseprofil
- alle 12 Wochen Bestimmung des HbA_1-Wertes

Während der Brottrunk-Einnahme kam es bei den Patienten im Vergleich zur Testphase (ohne Brottrunk) zu einer deutlichen Verbesserung des Blutzuckerspiegels, der durchschnittlichen HbA_1-Werte sowie einer signifikanten Verbesserung des Blutzuckerprofils. Auch die alle 6 Wochen durchgeführten Glukose-Tagesprofile zeigten eine signifikante Verbesserung, wobei die positiven Ergebnisse bei den Typ-2-Diabetikern deutlich ausgeprägter waren als bei den Typ-1-Diabetikern.

Übersäuerung: wie Milchsäure hilft

Übersäuerung, auch chronische Azidose genannt, ist alles andere als ungefährlich. Es handelt sich hierbei um den krankhaft erhöhten Säuregehalt des Blutes, der bei Diabetes, Nierenversagen und Hungerzuständen auftreten kann. Übersäuerung kann die Entstehung von Herzinfarkten und Schlaganfällen begünstigen.

Wie aber entstehen Azidose-Zustände? Man unterscheidet zwischen endogenen (von innen kommenden) und exogenen (von außen stammenden) Ursachen. Zu den endogenen Ursachen zählt die Bildung großer Säuremengen durch eine chronische Darmgärung oder durch Fehlleistungen endokriner Drüsen (z.B. der Bauchspeicheldrüse), die ihr Sekret ins Blut oder in die Lymphe abgeben (z.B. Diabetes mellitus). Aber auch die Unterfunktion gesunder und kranker Nieren sowie der »Belegzellen« des Magens, wodurch die Säureausscheidung bzw. die Basenbildung reduziert wird, sind endogene Defekte. Basenmangel in der Nahrung, bedingt durch eine falsche Zubereitung und einen Mangel an Frischkost, kann ebenfalls zu einer Übersäuerung führen. Auch ein Überschuß an Eiweiß entzieht dem Körper durch die Bildung von Phosphaten und Sulfaten die notwendigen Basen und führt zu Übersäuerung.

Ein Eiweißüberschuß kann zu Übersäuerung führen

Grundsätzlich gibt es drei Möglichkeiten, eine Übersäuerung zu bekämpfen:

- biochemische Neutralisierung der Übersäuerung
- Umstellung der Ernährung zum Zwecke der Entsäuerung
- Aktivierung der Säureausscheidung mit Brot- und Milchsäure

Bereits seit Jahrhunderten wird von allen Völkern Milchsäure in den verschiedensten Varianten verzehrt. So aßen die Römer vergorenen Salzkohl, in Rußland wird »Kwaß« getrunken, und in Japan steht »Miso« hoch im Kurs. Im deutschsprachigen Raum finden wir das beliebte Sauerkraut und den Brottrunk. Diese Lebensmittel haben alle eines gemeinsam: Milchsäure. Die Milchsäure ist ein Basenspender, sie reduziert die Anzahl der Säuren und verhindert somit eine Übersäuerung des Körpers.

So stärken Sie Ihr Immunsystem

Heißer Tee bei Husten und Schnupfen

Wassertreten oder Schneelaufen, Saunieren oder Tee trinken, viel Gemüse, Brot und regelmäßig Knoblauch – dies alles hilft bei der Vorbeugung und Linderung lästiger Krankheiten wie zum Beispiel Erkältungen.

Diese Mittel stärken die Abwehrkräfte, also unser Immunsystem, können aber durch sogenannte freie Radikale daran gehindert werden. Hierbei handelt es sich um aggressiv wirkende elektrisch neutrale Molekülbruchteile, einschließlich freier Atome, die zum Beispiel die unerwünschte LDL-Oxidation bewirken und das Immunsystem zerstören können. Um dies zu verhindern, wirken Anti-

Gemüse stärkt das Immunsystem

Oxidantien. Sie sorgen dafür, daß die Radikale abgewehrt werden und das Immunsystem intakt bleibt. Wichtige Anti-Oxidantien sind die Vitamine A, C und E, der sogenannte A-C-E-Komplex, sowie die Spurenelemente Selen, Zink und Eisen. Die Vitamine A, C und E finden sich vornehmlich in Obst, Gemüse und in deren Säften. Weitere natürliche Vitamin-E-Lieferanten sind Getreide und Brotprodukte. Diese Nahrungsmittel beinhalten – ebenso wie mageres Fleisch und fettarme Wurst – auch die Spurenelemente Selen, Zink und Eisen.

Mit Knoblauch Erkältungen vorbeugen

Menschen mit einer zu niedrigen Selenzufuhr leiden an Erschöpfung und Niedergeschlagenheit; Frauen zudem an Beschwerden in der Menopause. Selen vermag den Alterungsprozeß aufzuhalten und ist hilfreich bei Arterienverkalkung. Zink ist nicht nur ein Schutzstoff für unseren Organismus, sondern auch wichtig für die Ausscheidung von Giften. Es spielt eine große Rolle bei der Diabetesbehand-

lung, unterstützt die Wundheilung und sorgt für geistige Leistungsfähigkeit. Eisen ist in unserem Körper lebenswichtig, damit der Sauerstofftransport im Blut und somit auch die Verbrennung funktioniert; ein chronischer Eisenmangel führt zu Organschädigungen und allgemeiner Zellschädigung.

Brot enthält wichtige Vitamine und Spurenelemente

Bei Ihrer Ernährung sollten Sie darauf achten, daß Sie grundsätzlich genügend Vitamine und Spurenelemente zu sich nehmen. Brot und Getreideerzeugnisse wie Brottrunk und Haferflocken, Gemüse, Milch, Milchfrischprodukte sowie regelmäßig Fisch sind da gute Beispiele. Mehr über eine gesunde Ernährung finden Sie in dem Kapitel »Vitamine und Mineralstoffe: Winzlinge mit Riesenpower«.

Übergewicht ist nicht unvermeidbar

Unser Körper benötigt Energie, die wir in Form von Kalorien zu uns nehmen. Eine Kalorie ist jene Energie, die nötig ist, um ein Gramm Wasser von 14,5 auf 15,5 Grad Celsius, also um ein Grad, zu erwärmen.[6] Problematisch wird diese Energiezufuhr erst dann, wenn wir mehr Kalorien zu uns nehmen, als unser Körper braucht. Vom »Ärgernis Übergewicht« lebt eine ganze Industrie, mit deren Schlankheitsprodukten auf lange Sicht selten eine Reduktion des Gewichtes erzielt wird. Vermeiden sollten Sie neben Appetitzüglern allerdings auch einseitige Fastenkuren sowie die legendäre Nulldiät. Die Ernährungswissenschaftlerin *Constanze Wache* warnt nach ihren Analysen

[6] *Heute berechnet man die Nahrungsenergie nicht mehr in Kalorien, sondern in Joule. 1 Kilokalorie (entspricht tausend Kalorien) sind 4,184 Joule*

auch vor Formula-Diäten wie Figura-Fit, Modifast und Slim-Fast. Diese können, obwohl sie alle Nährstoffe enthalten, sogar die Gesundheit schädigen, wenn man sie längere Zeit einnimmt.

Es gibt jedoch auch natürliche Methoden, wie das Körpergewicht reduziert und gehalten werden kann. *Dr. Ulrich Weber* entwickelte eine nach ihm benannte Diät, die unter einem überraschenden Motto steht: *»Essen Sie, soviel Sie wollen und wozu Sie Lust haben«* – mit einigen Ausnahmen! So verbietet er seinen Patienten »Mastfutter« wie Kuchen, Gebäck und alle Süßigkeiten, fettes Fleisch und Mehlschwitzen-Soßen sowie Alkohol in jeglicher Form. Statt dessen ernähren sich seine Patienten hauptsächlich von Brot. Übergewichtigen Patienten empfahl *Dr. Weber,* vor jeder Hauptmahlzeit ein ganzes (0,2 l) und zwischen den Mahlzeiten ein halbes Glas Brottrunk zu trinken. Nach vier Wochen hatten sie durchschnittlich fünf Prozent ihres Ausgangsgewichts verloren, nach acht Wochen neun und nach zwölf Wochen 16 Prozent. Einen wichtigen Anteil an dieser Gewichtsreduktion hatte die Ernährungsumstellung: der Ausschluß von hochkonzentrierten Kohlenhydraten, sichtbaren Fetten und Alkohol. Darüber hinaus spielt die Anwendung von Brottrunk bei dieser Diät eine entscheidende Rolle, denn Brottrunk bewirkt eine Vordehnung und -sättigung des Magens, obwohl lediglich 77 kcal/l aufgenommen werden. Zudem ist dieses lactovegetabile Getränk verantwortlich für die Regulierung der Darmflora in Dünn- und Dickdarm und sorgt für eine gute Verdauung.

Mit Brot und Getreideerzeugnissen Übergewicht abbauen

Entschlacken und entspannen mit Brottrunk

Trink-Kur

Zur Vorbeugung können 0,2 l Brottrunk 1–3mal täglich nach den Mahlzeiten eingenommen werden. Bei Stoffwechselstörungen oder chronischen Krankheiten können zusätzlich vor dem Schlafen 0,2 l Brottrunk getrunken werden. Diabetiker sollten den Brottrunk schlückchenweise zu den Mahlzeiten trinken.

Einreiben

Ganzkörperabreibungen mit Brottrunk sind morgens nach dem Duschen, verbunden mit einer leichten Massage der Zehen, Fußsohlen und Fersen, empfehlenswert. Diese Abreibung wird nicht wieder abgewaschen, sie bleibt den ganzen Tag über auf der Haut. Die Haut wird somit gegen negative Umwelteinflüsse und Sonnenstrahlen geschützt.

Brottrunk schützt gegen Sonnenstrahlen

Einläufe

Der Einlauf mit einem Klistier ist Bestandteil vieler traditioneller Heilmethoden. Erwachsene nehmen 100 ml lauwarmen Brottrunk, legen sich auf die linke Seite und lassen den Brottrunk durch das Klistier einlaufen. Einwirkungsdauer:

☞ $1/4$ h auf der linken Seite   ☞ $1/4$ h auf dem Bauch

☞ $1/4$ h auf dem Rücken   ☞ $1/4$ h auf der rechten Seite

Anschließend geht man auf die Toilette.

Wickel und Auflagen

Die Anwendung von Wickeln und Auflagen sind in der Naturheilkunde schon seit Jahrtausenden als Hausmittel bekannt.

Anwendungsbeispiele:

Bei angeschwollenen Füßen und Beinen feuchten Sie ein Leinentuch mit Brottrunk an, legen es um die Beine, wickeln ein trockenes Frotteetuch herum und ruhen dann zwei bis drei Stunden.

Bei Herzschwächen und stark fieberhaften Anfällen können Sie ebenso vorgehen (ähnlich dem Wadenwickel).

Bei Schwierigkeiten im Magen- und Darmbereich oder auch der Lunge legen Sie ein mit Brottrunk angefeuchtetes Tuch vom Hals bis zu den Oberschenkeln auf, darauf legen Sie ein trockenes Frotteetuch sowie eine Decke und lassen die Auflage ca. zwei Stunden einwirken.

Bei Halsschmerzen machen Sie einen Halswickel, indem Sie ein mit Brottrunk getränktes Leinentuch um den Hals wickeln und darüber ein Frotteetuch wickeln. Diesen Halswickel tragen Sie ca. eine Stunde.

Bei Schmerzen in den Knien und in den Armgelenken oder dem sogenannten Tennisarm legen Sie die gleichen Wickel an. Zur Verstärkung des Effektes tragen Sie eine Paste aus Brottrunk und Fermentgetreide auf die entzündeten Gelenke auf und entfernen sie nach ca. $^1/_2$ bis 1 Stunde.

Bei Halsschmerzen hilft ein Halswickel mit Brotrunk

Bäder

Fußbäder

Sehr alte Hausmittel sind sogenannte aufsteigende Fußbäder mit Salz oder Senfmehl. Füllen Sie in eine Schüssel, in die Sie bequem Ihre Füße stellen können, warmes Wasser, und geben Sie nun statt Salz oder Senfmehl 100 ml Brottrunk dazu. In einigen Abständen gießen Sie heißes Wasser (aufsteigende Temperatur) hinzu. Währenddessen können Sie Ihre Füße und Zehen einige Male mit den Händen massieren. Damit erzielen Sie eine bessere Durchblutung. Dieses Fußbad können Sie hervorragend bei Erkältungen mit Husten und Schnupfen einsetzen.

Ein Fußbad mit Brottrunk hilft gegen Erkältungen

Sitzbäder

Ein weiteres altbewährtes Mittel sind sogenannte Sitzbäder, die Sie in einer Sitzbadewanne oder Duschwanne nehmen können. Geben Sie in angenehm temperiertes Wasser $1/2$ Flasche Brottrunk und setzen sich ca. $1/4$ bis $1/2$ Stunde hinein. Diese Sitzbäder können Sie besonders bei Pilzerkrankungen, Infektionen und Hämorrhoiden anwenden.

Vollbäder

Einem Vollbad fügen Sie eine Flasche Brottrunk hinzu (bitte keine weiteren Zusätze). Vollbäder können bei allen Erkrankungen der Haut wie z.B. Neurodermitis und Schuppenflechte genommen werden.

54

Anwendung bei Erkrankungen:

Akneerkrankungen: Einreibungen und Brottrunk-Ferment-Umschläge.

Gelenk- und Schleimbeutelentzündungen: Mit der Anwendung von Brottrunk-Ferment-Umschlägen gingen bei vielen Patienten die Beschwerden innerhalb weniger Tage zurück.

Haarausfall, schütteres Haar: Tägliche Einreibungen mit Brottrunk als Haarwasser sowie eine Zugabe nach der Haarwäsche waren bereits in vielen Fällen hilfreich.

Hautausschläge, Ekzeme: Abreibungen, Bäder und innere Einnahme haben auch in hartnäckigen Krankheitsfällen stark lindern bis heilen können. Darüber hinaus sollte die Ernährung so zuckerfrei wie möglich gehalten werden, da sich die Darmflora möglicherweise negativ verändert. Kommt Zucker mit Zellulose und Bakterien zusammen, entwickelt sich eine Gärung. Es entstehen Fuselalkohole, die 10–100fach giftiger sein können als der Alkohol in einem Liter Bier.

Mundbeschwerden wie Zahnstein, Zahnfleischentzündung und Mundausschlag: Zähne mit Brottrunk putzen und ca. $1/2$ Teelöffel Fermentgetreide täglich einspeicheln.

Neurodermitis: Besonders bei Neurodermitissäuglingen und -kindern haben sich kleine Klistiere mit Zusatz von Brottrunk sehr bewährt. In eine 20-ml-Spritze wird

Das Einreiben der erkrankten Haut lindert den Juckreiz

jeweils zur Hälfte körperwarmes Wasser und Brottrunk gefüllt und mit einem Katheter langsam rektal eingeführt. Diese kleine Menge reizt nicht zur Darmentleerung, sondern wird wie ein Zäpfchen aufgenommen.

Das Einreiben der erkrankten Haut lindert den Juckreiz; die Milchsäure fördert die Entgiftung über die Haut, und die Milchsäurebakterien erneuern den Schutzmantel der Haut. Der Brottrunk sollte vor dem Einreiben mit lauwarmem Wasser 1:10 verdünnt werden und leicht in die Haut eingeklatscht werden.

Rheumatische Erkrankungen: Innere Anwendung, tägliche Abreibungen und Vollbäder mit Brottrunk können Rheumaschmerzen lindern oder beseitigen.

Bei chronischer Verstopfung kommt es bei der Anwendung von Fermentgetreide zu einer Reaktivierung der Milchsäuregärung im Dickdarm und zu einem verbesserten Stuhlgang. Bei Säuglingen und Kleinkindern hat sich auch der Einsatz von Klistieren bewährt.

Warzen können durch tägliche Abreibungen mit Brottrunk verschwinden

Warzen können durch tägliche Abreibungen mit Brottrunk verschwinden.

Wunden und Verletzungen: Brottrunkumschläge, z.B. bei Insektenstichen, sowie Essigwasser- oder Quarkumschläge. Bei eiternden Wunden haben sich Brottrunk-Ferment-Umschläge als Wundreinigungsmittel bewährt.

4. Nahrung ist die beste Medizin

Unsere Lebensmittel-Apotheke

Über Jahrtausende galt die Nahrung als wirkungsvolle Medizin. Doch seit dem letzten Jahrhundert dominieren pharmazeutische Medikamente die Vorbeugung und Therapie von Krankheiten. Sie haben einen großen Teil unseres reichen Erbes an medizinischer Verwendung von Nahrungsmitteln in den Hintergrund gedrängt. Lange Zeit wurden ein reicher Erfahrungsschatz mit den pharmakologischen Eigenschaften von Lebensmitteln, die sich zur Förderung der Gesundheit einsetzen lassen, als reiner Volksglaube abgetan. Erst seit der wissenschaftlichen Entdeckung der sogenannten Pflanzensekundärstoffe (siehe Tabelle) wird ihr gesundheitlicher Nutzen anerkannt. Zahlreiche Forschungsergebnisse belegen, daß viele Bestandteile der Nahrung ähnlich wie moderne Medikamente wirken, abgesehen von den Nebenwirkungen.

Wir besitzen mit unserer Nahrung eine Lebensmittelapotheke von unvorstellbarem Ausmaß und Vielseitigkeit. Sie besteht aus fein abgestimmten rezeptfreien Medikamenten wie z.B. Abführmitteln, Beruhigungsmitteln, Betablockern, Antibiotika, Schmerzmitteln, Krebsmitteln, Antioxidantien und vielem mehr. Die Wirkung vieler sogenannter *Phytochemicals* ist durch zahlreiche traditionelle Hausrezepte bekannt. Gegen Husten empfahlen schon unsere Großeltern Zwiebel- oder schwarzen Rettichsaft, bei Blutarmut Rote Bete- oder Holunderbeersaft, Senföl aus der Kresse gegen Harnwegsinfekte und andere Entzündungen und Allicin aus Knoblauch- und Zwiebelextrakten gegen Magenschleimhaut-Entzündungen. Heutzutage sind viele dieser Inhaltsstoffe sowie ihre Wirkung bei Zivilisationskrankheiten wie Diabetes, Gicht, Rheuma, Krebs und

Unsere Nahrung ist unsere größte Apotheke

Arterienverkalkung bekannt. Substanzen aus der Artischocke und der Sellerieknolle helfen der Leber und dem Fettstoffwechsel, Kresse und Brennessel fördern die Nierenfunktion, rote Früchte wie Holunderbeeren, Brombeeren und Heidelbeeren sind hervorragende Eisen- und Vitamin-C-Lieferanten, und die rote Bete fördert die Bildung von roten Blutkörperchen.

Phytochemicals	Nahrungsmittel	Vorsorge und Behandlung
Carotinoide	Möhren Brokkoli, Aprikosen Grünkohl, Petersilie, Orangen	Krebs, Abwehr, fangen Radikale
Phytosterine	Petersilienöl, Sojaöl, Borretschöl, Weizenkeimöl, Sesamöl	Krebs, Cholesterin
Saponine	Kichererbsen, Lecithin, Sojabohnen, Spinat, Aloe-Vera	Krebs, Abwehr, Infekte, Gefäßverkalkung
Phenolsäuren	Heidelbeeren, Hagebutten, Brombeeren, Himbeeren, Grünkohl, Kaffee, Tee, Kakao	Krebs, Abwehr, Infekte, Cholesterin
Flavonoide	Hagebutten, Holunder, alle roten, gelben und blauen Früchte und Gemüse	Krebs, Infekte, Entzündungen, fangen Radikale, Gefäßverkalkung
Sulfide	Zwiebeln, Knoblauch, Schnittlauch	Krebs, Bakterien, Gefäße, Abwehr, Entzündungen, fangen Radikale

Wertvolle Ernährung mit Vollwertkost

Vollwerternährung heißt, den vollen Wert eines Lebensmittels zu nutzen, d.h. so naturbelassen wie möglich, denn jede Form der Konservierung vermindert den Wert eines Lebensmittels.

Achten Sie auf den vollen Wert eines Lebensmittels

Empfehlenswert

- unveränderte Lebensmittel wie Obst, Salat und frische Milch
- bearbeitete Lebensmittel wie Obstsaft, naturbelassenes, kaltgepreßtes Öl, Butter, Rohmilchkäse
- fermentativ veränderte Lebensmittel wie Sauermilchprodukte, Brottrunk, Fermentgetreide, Fleisch und Fisch luftgetrocknet
- erhitzte Lebensmittel wie Sauerteigbrot (auch französisches Baguette), Fruchtmus, Kompott, erhitztes Fleisch und Fisch, Kartoffeln, Reis und Nudeln

Nicht empfehlenswert

- verarbeitete Lebensmittel wie Gemüse- und Obstkonserven, Dauerbackwaren, Fleisch- und Fischkonserven
- isolierte Lebensmittelsubstanzen wie Trockenmilchpulver, Fabrikzucker

Entscheidend für eine gesunde Ernährung ist, daß Sie nicht nur auf den vollen Wert eines Lebensmittels achten, sondern auch auf eine möglichst geringe Schadstoffbelastung. Bevorzugen Sie darum Lebensmittel aus biologischem Anbau und orientieren Sie sich am jahreszeitlichen Angebot. Leider sind auch solche Produkte nicht ganz frei

59

von Schadstoffen, da sie durch Umwelteinflüsse in Obst, Gemüse und Getreide gelangen. Vermeiden Sie auf jeden Fall konservierte und mit Oxidations- und Dickungsmitteln, Farbstoffen und Emulgatoren versehene Lebensmittel.

Die Zubereitung

Vermeiden Sie unnötige Ver- und Bearbeitungen der Lebensmittel. Um Oxidationsprozesse zu verhindern, sollte das Zerkleinern erst unmittelbar vor dem Verzehr erfolgen. Bevorzugen Sie wertschonende Garverfahren wie Dünsten mit wenig Wasser und Schmoren. Halten Sie Speisen nicht übermäßig lange warm (Vorsicht bei Kurzgebratenem, Bratkartoffeln, Pommes frites). Gestalten Sie Ihre tägliche Nahrung vielseitig und abwechslungsreich. Machen Sie es wie die Italiener und Franzosen, und essen Sie zu jeder Mahlzeit Brot (Sauerteigbrot, Baguette).

Merkmale der Vollwerternährung

- So natürlich wie möglich
- So frisch wie möglich
- So schonend wie möglich zubereitet

Brottrunk hilft, Mangelernährung vorzubeugen

Wenn Sie diese Empfehlungen berücksichtigen, so haben Sie bereits den Grundstein für eine gesunde Ernährung gelegt. Durch negative Umwelteinflüsse wie Saurer Regen, Pestizide usw. enthalten Nahrungsmittel heutzutage allerdings bedeutend weniger Spurenelemente, Vitamine und Mineralien. Brottrunk ist aufgrund seiner zahlreichen natürlichen Mikronährstoffe eine ideale Nahrungsergänzung und beugt Mangelernährung vor. Trinken Sie ein- bis

dreimal täglich zu den Mahlzeiten ein Glas (0,2 l) Brottrunk, und Sie bauen einen aktiven Schutz für Ihre Gesundheit auf.

Brottrunk enthält durchschnittlich pro 100 ml:	
Brennwert	32,8 kJ
Eiweiß	1,10 g
Kohlenhydrate	0,06 g
Fett	0,10 g
Ballaststoffe	0,13 g
Natrium	0,06 g

Volle Kraft aus dem Fermentgetreide

Die Begriffe »Ferment« und »Fermentation« sind in aller Munde. Doch was bedeuten sie wirklich? »Ferment« kommt aus dem Lateinischen. Im Lexikon wird »fermentatus panis« (*fermento* – gären lassen) mit »gesäuertes Brot«, und »fermentum« wird mit »Sauerteig« sowie »gegorenes Getränk« übersetzt. Im Griechischen führt uns »Ferment« zu dem Begriff »Enzym«. Enzyme sind Eiweißverbindungen, die biochemische Reaktionen ermöglichen bzw. beschleunigen, ohne selbst dabei verändert zu werden. Sie werden daher auch als Biokatalysatoren bezeichnet. Sie sind lebensnotwendig für uns, da ausschließlich sie alle Stoffwechselprozesse im Körper ermöglichen (siehe auch Seite 33, »Enzyme und Fermentgetreide: Biokatalysatoren der lebenden Zelle«).

Enzyme werden auch zur Lebensmittelherstellung, bei der Fermentierung, in Brauereien und Bäckereien verwendet. Eine »Fermentation« ist im Prinzip nichts anderes als die Behandlung von Lebensmittelrohstoffen mit Ferment zur

Bei der Fermentierung werden Enzyme benötigt

Stoffwechselkrank-
heiten kann
vorgebeugt werden

Veredelung beziehungsweise für die Aromaentwicklung. Das Ergebnis sind die Ferment-Produkte. Ein besonders markantes Beispiel ist das Fermentgetreide, das bei der Herstellung des milchsauer vergorenen Brottrunkes gewonnen wird. Es ist als feste Substanz (Pulverform) im Handel erhältlich. Fermentgetreide stabilisiert das Darmmilieu, beseitigt Gärungs- und Fäulnisprozesse, regt die Verdauung an, wirkt antiallergisch und verbessert die Verträglichkeit von Lebensmitteln. Es wirkt dadurch Stoffwechselkrankheiten, die durch Fehlernährung enstanden sind, entgegen und fördert die Entgiftungsarbeit der Leber, Nieren und der Haut. Die Widerstandskraft wird gestärkt und die Infekthäufigkeit gesenkt. Fermentgetreide beschleunigt außerdem die Ausheilung nach neurologischen Erkrankungen und verkürzt die Aufbauphase für Kraft, Schnelligkeit und Ausdauer bei Sportlern.

Ein gestrichener Teelöffel Fermentgetreide wird trocken in den Mund genommen und verbleibt dort so lange wie möglich. So kann das Fermentgetreide schon von der Zunge und dem Rachenraum aufgenommen werden. Bei entzündlichen und krankhaften Zuständen ist eine Einnahme zur Unterstützung der verordneten Medikamente zu empfehlen. Besonders sinnvoll ist diese Anwendung bei allen Kiefer-, Hals-, Nasen-, Ohren- und Mandelentzündungen, aber auch bei rheumatischen Beschwerden, Arthrosen und Gicht.

In 100 Gramm Fermentgetreide befinden sich 3,2 Gramm der wertvollen Brotgetreidesäure. Am wirkungsvollsten wird sie vom Körper aufgenommen, wenn das Fermentgetreide möglichst lange im Mund bleibt und ausreichend eingespeichelt wird. Zur äußerlichen Anwendung als Ba-

dezusatz nimmt man bei rheumatischen Beschwerden, Prellungen, Zerrungen und Erschöpfungszuständen 250 Gramm pro Vollbad.

Fermentgetreide wirkt als Badezusatz beruhigend

Fermentgetreide enthält durchschnittlich pro 100 g:	
Brennwert	1.310 kJ
Vitamin B$_1$	0,35 mg
Eiweiß	9,8 g
Folsäure	29,9 µg
Kohlenhydrate	62,36 g
Eisen	3,38 mg
Fett	2,3 g
Zink	2,41 mg
Ballaststoffe	14,13 g
Magnesium	73,5 mg
Natrium	0,36 g
Phosphor	181,0 mg

In Verbindung mit Joghurt, Soßen, Suppen oder Salatstreuwürze können Sie täglich 1–3 Teelöffel Fermentgetreide einnehmen. (Im Rezeptteil ab Seite 75 finden Sie zahlreiche schmackhafte Rezepte mit Fermentgetreide)

Brottrunk – ein natürlicher Kraftstoff für Sportler

Jeder Sportler weiß, daß nicht nur Talent, Training und eine gute Ausrüstung für sportliche Erfolge notwendig sind, auch die Ernährung spielt eine wichtige Rolle. Von den Hauptnährstoffen Eiweiß, Fett und Kohlenhydrate sind es vor allem die letzteren, die für Sportler wichtig sind. Aus Kohlenhydraten bildet unser Körper Glykogen, das in Muskeln und Leber als Energiereserve gespeichert wird.

Aus diesen Glykogenspeichern schöpft der Körper seine ganze Leistung. Sind die Glykogenspeicher leer, äußert sich dies in totaler körperlicher Erschöpfung. Deshalb müssen Sportler rechtzeitig und regelmäßig Kohlenhydrate, das »Superbenzin des Muskels« tanken. Zu den besten Kohlenhydratlieferanten gehören neben dem Butterbrot auch Kartoffel- und Nudelgerichte.

Die Mikronährstoffe müssen permanent aufgefüllt werden, da sie über den Schweiß ausgeschieden werden

Neben den Kohlenhydraten benötigt unser Körper selbstverständlich auch Vitamine und Mineralstoffe. Für Sportler sind insbesondere Magnesium, Kalium, Kalzium, Natrium sowie Eisen wichtig. Diese Mikronährstoffe müssen permanent aufgefüllt werden, da sie u.a. über den Schweiß ausgeschieden werden. Ein Mangel an Mineralstoffen kann zu deutlichen Leistungsverlusten führen.

Darüber hinaus ist die ausreichende Flüssigkeitsversorgung ein entscheidender Faktor. Ein Leistungssportler kann am Tag über Schweiß und Atmung mehrere Liter Flüssigkeit verlieren, die umgehend ersetzt werden müssen. Der Wasserhaushalt unseres Körpers ist so sensibel, daß ein Flüssigkeitsverlust von 1,5 Litern (dies entspricht etwa 2% des Körpergewichts) zu einer Leistungseinbuße von 20% führt.

Brottrunk ist zum Ausgleich von Flüssigkeitsverlusten wie auch zur Ergänzung der Vitamin- und Mineralstoffversorgung ideal, da Brottrunk den Körper nicht wie sogenannte »Energy-Drinks« mit leeren Kalorien und künstlichen Vitaminen überlastet. Sportlern, die ihre Leistung steigern wollen, kann eine Art Leistungs-Diät mit Brottrunk empfohlen werden. Sie ist relativ einfach anzuwenden, da sie ausschließlich auf gesunden und natürlichen Lebensmit-

teln aufbaut. Zusätzlich wird zu jeder Hauptmahlzeit ein Glas Brottrunk (0,2 l) mit 2 Teelöffeln Fermentgetreide verrührt getrunken. Zwischendurch bzw. vor und nach dem Training gibt es jeweils einen vitamin- und mineralstoffreichen Kraftdrink.

Fitneßdrinks mit Brottrunk

Dazu mischt man Brottrunk mit Obst- oder Gemüsesäften und verrührt das Getränk wiederum mit Fermentgetreide. Bei dieser Diät ist es entscheidend, einen möglichst hohen Teil der Energieaufnahme über Brot- und Getreideprodukte zu decken. Dabei muß es aber nicht immer Vollkornbrot sein. Zwar ist ein gutes Bio-Pumpernickel besonders gesund, aber auch helle Brotsorten wie z.B. Weizenmischbrot sind ernährungsphysiologisch wertvoll. Brot- und Getreideprodukte liefern neben den Kohlenhydraten Eiweiß, Vitamine, Mineralstoffe, Spurenelemente und die für die Verdauung so wichtigen Ballaststoffe. Brot und Getreide steigern aber nicht nur die körperliche Kraft, sondern auch die geistige Aufnahmefähigkeit. Deshalb sollte zu jeder Mahlzeit Brot gereicht werden.

Helles Brot ist ernährungsphysiologisch ebenfalls wertvoll

65

Ideal für Sportler und Fitneß-Bewußte ist ein Frühstück bestehend aus Brot, Butter, Käse, magerer Wurst oder Rübenkraut. Dazu ein Glas Brottrunk mit Fermentgetreide. Aber auch Haferbrei mit Frisch- oder Trockenobst hat sich als ein guter Start in den Tag bewährt. Ein hervorragender Energielieferant ist ein Butterbrot zwischendurch – möglichst fettarm belegt. Dann ist es leicht verdaulich und liefert am schnellsten Energie.

Ein Butterbrot für die schnelle Energiezufuhr

Richtig trinken – nicht nur im Sommer

Sommerhitze macht nicht nur durstig, sondern auch träge und schlapp, denn beim Schwitzen verlieren wir nicht nur Flüssigkeit. Mit jedem Tropfen Schweiß werden auch wichtige Mineralstoffe und Spurenelemente ausgeschieden. Bereits ein Flüssigkeitsverlust von 2% des Körpergewichtes reicht aus, um die Leistungsfähigkeit und das Wohlbefinden zu vermindern. Müdigkeit, Schlappheit, Muskelkrämpfe und ein Anstieg der Herzfrequenz können die Folgen sein, die sich aus Flüssigkeitsverlusten und den damit verbundenen Mineralstoffdefiziten ergeben können. Davon sind nicht nur Personen betroffen, die sich körperlich stark betätigen oder viel Sport treiben, sondern auch ältere Menschen, bei denen es gerade in der Sommerhitze leicht zu Kreislaufproblemen kommen kann. Eine ausreichende Flüssigkeitszufuhr ist daher im Sommer besonders wichtig.

Pro Tag sollten wir mindestens 2–3 Liter trinken. Am besten sind Getränke, die nicht nur erfrischen, sondern auch Nährstoff-Defizite ausgleichen können. Bevorzugen Sie bitte kalorienfreie oder kalorienarme Getränke, um Ihren Körper nicht unnötig mit Kalorien zu belasten. Mineral-

oder Heilwässer, Kräuter- und Früchtetee, aber auch Obst- und Gemüsesäfte sowie Brottrunk gehören zu den Getränken, die sich für den großen Sommerdurst am besten eignen. Sie enthalten reichlich Vitamine, Mineralstoffe und Spurenelemente und sind daher geeignet, die Defizite auszugleichen, die durch Schwitzen auftreten können. Wässer und Tees enthalten keine Kalorien, Brottrunk enthält pro 100 ml 32,8 kJ. Wesentlich mehr Kalorien weisen dagegen Fruchtsäfte auf. In Limonade und Cola stecken bis zu 12% Zucker. Sie sind entsprechende Kalorienbomben. Als Durstlöscher sind süße oder stark gezuckerte Getränke nicht zu empfehlen.

Limonaden sind keine Durstlöscher; sie enthalten zuviele Kalorien

So garantieren Sie eine optimale Flüssigkeitszufuhr:

- Trinken Sie grundsätzlich zu jeder Mahlzeit etwas. Ideal ist Brottrunk, weil er nicht nur wichtige Vitamine und Mineralien enthält, sondern auch positiv für die Verdauung ist
- Trinken Sie zwischen den Mahlzeiten Brottrunk mit Mineralwasser, Obst- und Gemüsesäften verdünnt
- Trinken Sie regelmäßig, aber in kleinen Schlucken
- Verwenden Sie keine eiskalten Getränke
- Verdünnen Sie säuerliche Säfte mit Mineralwasser
- Verwenden Sie Mineralwasser mit wenig Kohlensäure

Drinks für Diabetiker

Diabetiker sollten auf jeden Fall ungezuckerte Getränke oder Brottrunk zu sich nehmen. Der in Obstsäften enthaltene natürliche Fruchtzucker hat gegenüber Industriezucker einen wichtigen Vorteil: Fruchtzucker wird vom Körper langsamer aufgenommen, d.h. der Blutzuckerspie-

67

gel steigt nur langsam an und belastet den Körper nicht zu sehr. Da Brottrunk praktisch keinen Zucker enthält, ist er für Diabetiker besonders geeignet.

Gesund werden und gesund bleiben – durch Fasten

Komplexe Krankheitserscheinungen wie z.B. Rheuma, Allergien oder chronische Darmkrankheiten, deren Ursachen bis heute nicht geklärt sind, sind durch konventionelle schulmedizinische Behandlungsmethoden nicht heilbar. Alternative Heilverfahren wie z.B. das Heilfasten sind eine erfolgreiche therapeutische Alternative, denn nur das Heilfasten ist imstande, den Stoffwechsel völlig umzustellen und zu entlasten.

Dabei ist Fasten keine »Erfindung« der Neuzeit. Fasten als Nahrungsabstinenz ist ein instinktiver Lebensvorgang, den wir bei allen Lebewesen beobachten können. Insekten leben oft monatelang ohne Nahrung, Bären überbrücken die kalte Jahreszeit ohne zu fressen. Das Umschalten von der äußeren auf die innere Ernährung funktioniert bei Tieren reibungslos. Bei Erkrankung und Vergiftung verweigern Tiere automatisch die Nahrungsaufnahme; eine Überernährung kommt bei wild lebenden Tieren nicht vor.

Bei Krankheit fasten Tiere instinktiv

Wie für die Tiere, so war auch für den Menschen die angeborene Fähigkeit, gespeicherte Nahrungsenergie zu nutzen, eine biologische Notwendigkeit. Die Geschichte der *Hunzas* ist ein anschauliches Beispiel: Dieses Völkchen von ca. 10.000 Menschen lebt in einem Hochtal des Himalaja, es war bis vor wenigen Jahrzehnten von der Außen-

welt abgeschnitten. Die Äcker des Hochtals erbrachten nicht genügend Nahrung, um die Menschen das ganze Jahr zu ernähren. Die *Hunzas* fasteten oft monatelang. Trotzdem waren sie mit ihrem Dasein zufrieden: sie kannten keinen Arzt, und sie brauchten keine Polizei. Heutzutage ist das Tal zugänglich. Die *Hunza*-Männer dienen entweder als Soldaten in Indien, oder sie arbeiten dort. Haltbare Nahrung wird importiert; das Volk braucht nicht mehr zu hungern. Seither gibt es im *Hunza*-Land die typischen Zivilisationskrankheiten. Die Menschen brauchen jetzt nicht nur den Arzt, sondern auch den Polizisten.

Obwohl wir auch in religiösen Quellen viele Beispiele für das Fasten finden, hat der Mensch diesen instinktiven Mechanismus überwunden. Er hat sich im Laufe seiner Geschichte angewöhnt, regelmäßig drei- bis fünfmal am Tag zu essen, auch wenn er keinen Hunger hat. Auch im Krankheitsfall wird dieses sichere Instinktverhalten, das bei Säuglingen und Kleinkindern noch funktioniert, durch die Vorstellung überspielt, gerade der Kranke bekomme durch reichliche Nahrungsaufnahme mehr Kraft. Wer das Fasten für sich als individuelles Regulations- und Heilmittel neu entdecken will, muß das Umschalten von der äußeren Ernährung auf die innere Ernährung wiedererlernen.

Fasten = Leben ohne Nahrung

Dabei hilft ihm:

- das Wissen um die im Menschen vorprogrammierte Fähigkeit zu fasten
- das Vertrauen in die Ungefährlichkeit dieses natürlichen Weges
- der freiwillige Entschluß zu fasten

69

Wer allerdings erst im Alter mit dem Fasten beginnen will und eventuell schon an einer Krankheit leidet, muß besonders vorsichtig sein. Dennoch sind gerade bei älteren Menschen mit chronischen Krankheiten bemerkenswerte Erfolge zu erzielen. Ärztliche Aufsicht in einer Fastenklinik ist hier unbedingt erforderlich.

Was Fasten wirklich ist:

- Fasten ist eine naturgegebene Form menschlichen Lebens
- Fasten ist Leben aus körpereigenen Nahrungsdepots
- Fasten bedeutet Umstellung von der äußeren auf die innere Ernährung
- Fasten ist eine Verhaltensweise von selbständigen Menschen
- Fasten betrifft den ganzen Menschen
- Fasten ist die beste Gelegenheit, mehr als gesund zu sein

Fasten bedeutet nicht, zu hungern

Was Fasten nicht ist:

- Fasten ist nicht Hungern
- Fasten hat nichts mit Entbehrungen und Mangel zu tun
- Fasten bedeutet nicht: weniger essen
- Fasten ist keine Schwärmerei von Sektierern
- Fasten muß nicht unbedingt mit Religion verbunden sein

Die 5 Grundregeln des Fastens

Nicht essen:
für ein, zwei oder mehr Wochen
Nur trinken:
Tee, Gemüsebrühe, Brottrunk, Obstsäfte und Wasser,
mehr als der Durst verlangt

Beim Fasten müssen die Ausscheidungen besonders gefördert werden

Alles weglassen, was nicht lebensnotwendig ist:
Z.B. Alkohol, Nikotin, Süßigkeiten, Kaffee, Medikamente

Sich vom Alltag lösen:
Fort vom Terminkalender, Telefon; Verzicht auf Radio,
Fernsehen, Illustrierte. Fort von der Außensteuerung
zur Innensteuerung

Sich natürlich verhalten:
Das tun, was dem Körper guttut, in den Körper hinein-
horchen. Der Erschöpfte soll schlafen, der Aktive soll
Sport treiben. Alles tun, was Spaß macht

Alle Ausscheidungen fördern:
Regelmäßige Darmpflege (alle zwei Tage einen Einlauf
mit Brottrunk 1:10), die Nieren durchspülen (viel trin-
ken, bis 3 Liter täglich). Haut und Schleimhäute pflegen
(Haut bürsten nach Kneipp, anschließend einreiben mit
Brottrunk), Leberwickel

Es gibt verschiedene Fastenformen:

Wasserfasten
2–3 Liter Wasser täglich

Teefasten
dreimal täglich 2 Tassen Kräutertee und Wasser

Schleimfasten
für Magen- und Darmempfindliche

Rohsäftefasten
3–5mal täglich ein Glas Gemüse- oder Obstsaft

Molkefasten
1 l Molke, ergänzt durch Tee oder Gemüsesäfte

Buchingerfasten
Tee, heiße Gemüsebrühe, Obstsäfte, Brottrunk und
Fermentgetreide

*Durch Fasten ent-
ledigt man sich alles
Überflüssigen*

Bezogen auf die fünf Fastenregeln und die Verträglichkeit
hat sich das Buchingerfasten ausgezeichnet bewährt.

Was geschieht während des Fastens?

Im Fasten vollzieht sich ein stufenweiser Abbau alles Überflüssigen und Entbehrlichen unter Schonung des lebenswichtigen und biologisch aktiven Gewebes. Im gesunden
Organismus läuft ein richtig dosiertes Fasten harmonisch

und beschwerdefrei ab.[7] Bereits bestehende Organschädigungen und Altersveränderungen können ebenso diesen harmonischen Ablauf stören wie seelische Mißstimmungen. Fastenkrisen werden häufig durch seelische Belastungen und Konfliktsituationen ausgelöst. Fasten wirkt auf allen Ebenen unseres Wesens reinigend, umstimmend und harmonisierend. Voraussetzung dafür ist die Fähigkeit zum freiwillig erbrachten Verzicht.

Was können wir durch Fasten gewinnen?

Während das Fasten für den gesunden und funktionsfähigen Organismus zur Erhaltung der körperlichen und geistigen Leistungsfähigkeit und zum Abbau von Risikofaktoren eingesetzt werden kann, wird bei einem älteren, funktionsgestörten Organismus eine direkte Heilwirkung bei chronischen Krankheiten wie Rheuma, Allergien, Asthma, Hautkrankheiten, Übergewicht und Bluthochdruck erreicht.

Allerdings müssen mit zunehmendem Alter die Grenzen der Reaktionsfähigkeit auf das Fasten sorgfältig beachtet werden. Menschen mit Verwirrtheitszuständen, Altersschwachsinn und Erschöpfungszuständen sind nicht für ein Heilfasten geeignet. Über ein Lebensalter von sechzig Jahren hinaus sollte eher, von Ausnahmen abgesehen, eine individuelle vitamin- und mineralreiche Vollwertkost (inkl. Brottrunk und Fermentgetreide) gewählt werden.

Jedes Fasten bringt uns ein Stück weiter in die richtige Richtung

[7] *Anleitungen zum individuellen Fasten gibt der Fasten-Klassiker »Wunder des Fastens« von Dr. Paul und Patricia Bragg*

5. Gesunder Genuß: Schmackhafte Rezepte mit Brottrunk

Rezepte für ein leckeres Frühstück

Frischer Sellerie-Möhren-Aufstrich

Für 4 Personen:
50 g Bleichsellerie
1 kleine Möhre
$^1/_2$ Apfel
2 gehäufte EL Fermentgetreide
2 EL Brottrunk
1 EL Rosinen
Salz
Pfeffer
Muskat

Sellerie, Möhre und Apfel fein raspeln und zusammen mit dem Fermentgetreide, dem Brottrunk und den Rosinen pürieren. Mit den Gewürzen abschmecken, in ein Schälchen füllen und zu Pumpernickel servieren.

Tomaten-Frischkäse-Aufstrich

Für 4 Personen:
$^1/_4$ Knoblauchzehe
2 EL Fermentgetreide
4 EL Brottrunk
1 $^1/_2$ EL Tomatenmark
1 Msp. Pesto
$^1/_2$ TL Kräuter der Provence
2 gehäufe EL körniger Frischkäse
Salz

Knoblauch fein hacken, mit Fermentgetreide, Brottrunk und Tomatenmark gut verrühren, mit Gewürzen und Salz pikant abschmecken. Körnigen Frischkäse unterheben und zu Pumpernickel servieren.

Pro Person:
34 kcal (142 kJ)
0,6 g Eiweiß
0,2 g Fett
7,1 g Kohlenhydrate
(0,6 BE)

Pro Person:
32 kcal (134 kJ)
2,9 g Eiweiß
1 g Fett
2,6 g Kohlenhydrate
(0,2 BE)

Vegetarische Brotaufstriche mit Fermentgetreide

Joghurt-Kresse-Aufstrich

(ergibt ca. 250 g)

*4 gehäufte EL
   Fermentgetreide
   (ca. 65 g)
4 EL Brottrunk
100 g Vollmilchjoghurt
$^{1}/_{2}$ feingehackte
   Zwiebel
$^{1}/_{2}$ Beet Kresse
2 EL feingehackte
   Petersilie
1 Knoblauchzehe
Salz
Pfeffer*

Fermentgetreide mit Brot-
trunk und Joghurt ver-
rühren, Zwiebelwürfel,
Kräuter und die ausgepreß-
te Knoblauchzehe unterhe-
ben. Mit Salz und Pfeffer abschmecken. Gut durchziehen
lassen und nochmals nachwürzen.

Pro Person:
285 kcal (1.192 kJ)
11,5 g Eiweiß
5,1 g Fett
47,1 g Kohlenhydrate
(3,9 BE)

Gemüse milchsauer einlegen

Bereits vor Jahrtausenden setzte man auf die Kraft der Milchsäurebakterien und nutzte sie zur Lebensmittelkonservierung. Unsere Großmütter legten Weißkraut und andere Gemüsesorten aber nicht nur zur Haltbarmachung milchsauer ein, auch der typisch herzhaft-pikante Geschmack und der gesundheitliche Nutzen spielten eine wesentliche Rolle. Durch die Milchsäuerung wird Gemüserohkost leichter verdaulich. Zusätzlich unterstützen die Milchsäurebakterien aber auch die positive Darmflora. Dadurch können Sie sich vor Darmkrankheiten schützen.

Milchsäurebakterien können Lebensmittel konservieren

Und so wird's gemacht: Zerkleinertes Gemüse (Weißkraut, Paprika oder Möhren) wird roh in ein Einmachglas gegeben und mit abgekochtem, wieder erkaltetem Salzwasser (15 g Salz auf einen Liter Wasser) aufgefüllt. Nach Zugabe von 2 EL Brottrunk wird das Gefäß verschlossen und kühl – am besten im Keller – gelagert. Die im Brottrunk enthaltenen Milchsäurebakterien setzen dann die erwünschte Gärung in Gang. Etwa 3 Wochen später ist der Gärprozeß beendet und das gesunde Schlemmen ohne Reue kann beginnen.

77

Milchsauer vergorenes Weißkraut

(ausreichend für 3 Gläser)
1 kleiner Weißkohl
10 Wacholderbeeren
2 Blatt Lorbeer
6 EL Brottrunk
Salzwasser
  (15 g Salz pro Liter)

Weißkohl grob raspeln und in ein Einmachglas füllen. Die Wacholderbeeren und die Lorbeerblätter dazugeben. Das Gefäß mit kochendem Salzwasser auffüllen. Nach dem Abkühlen den Brottrunk dazugeben und das Gefäß verschließen. Etwa drei Wochen lang gären lassen, dann können Sie Ihr milchsaures Gemüse aus Eigenproduktion genießen!

254 kcal (1.063 kJ)
14, 8 g Eiweiß
2 g Fett
41 g Kohlenhydrate
(3,4 BE)

Milchsauer eingelegte Paprika

(ausreichend für 1 Glas)
1 rote Paprika
1 gelbe Paprika
1 Frühlingszwiebel
2 EL Brottrunk
Salzwasser
  (15 g Salz pro Liter)

Paprika und Frühlingszwiebeln grob in Stücke schneiden, in ein Einmachglas einfüllen und dieses mit kochendem Salzwasser auffüllen. Nach dem Abkühlen den Brottrunk dazugeben und das Gefäß verschließen. Etwa 3 Wochen lang gären lassen.

74 kcal (309 kJ)
4,8 g Eiweiß
1,6 g Fett
9,8 g Kohlenhydrate
(0,8 BE)

Gemüsesalat mit Kräutersauce

Gemüsesalat mit Kräuterrahmsoße

Für 4 Personen:
2 EL Haferkörner
Verschiedene milch-
  sauer eingelegte
  Gemüse, z.B.:
  250 g Blumenkohl
  1 gelbe Paprika
  200 g Weißkraut
  2 Möhren
Basilikum
200 g Sauerrahm
5–6 EL Brottrunk
frische Kräuter
Salz, Pfeffer

Haferkörner weichkochen. Milchsauer eingelegtes Gemüse auf einem Teller anrichten und mit den Haferkörnern bestreuen. Mit Basilikum garnieren. Den Sauerrahm in einer Schüssel mit dem Brottrunk verrühren. Frische Kräuter fein hacken, unterheben und pikant abschmecken. Als Kräutersoße zum Gemüse reichen.

Pro Person:
170 kcal (712 kJ)
5,9 g Eiweiß
10,2 g Fett
13 g Kohlenhydrate
(1,1 BE)

80

Suppen und Salate

Kartoffelsuppe mit Fermentgetreide

Für 4 Personen:
500 g Kartoffeln
1 Stange Lauch
1 Stange Bleichsellerie
2 Möhren
0,75 l Gemüsebrühe
1 EL gekochte Hafer-
*   körner*
1 Eigelb
2 EL Fermentgetreide
50 g Schlagsahne
Petersilie

Kartoffeln schälen und in Stücke schneiden. Möhren, Lauch und Sellerie waschen, putzen und zerklei-

Kartoffelsuppe mit Fermentgetreide

nern. Das Gemüse zusammen mit der Gemüsebrühe erhitzen und etwa 20 Minuten köcheln lassen. Danach die Suppe leicht, aber nicht vollständig pürieren, und die gekochten Haferkörner unterheben. Den Topf vom Herd nehmen, das Eigelb verquirlen und an die Suppe geben. Mit Fermentgetreide abschmecken. Schlagsahne steifschlagen. Suppe mit Schlagsahne und Petersilie garniert servieren.

Pro Person:
219 kcal (915 kJ)
7,7 g Eiweiß
6,6 g Fett
30,8 g Kohlenhydrate
(2,6 BE)

81

Bunter Sommersalat

Bunter Sommersalat

Für 4 Personen:
1 kleiner Kopfsalat
4 gelbe Paprikaschoten
500 g Tomaten
1 Bund Radieschen
2 Stengel Bleichsellerie
2 Fenchelknollen
4 hartgekochte Eier
2 große Scheiben
Weißbrot
250 g fettarmer Joghurt
0,1 l Brottrunk
2–3 TL Fermentgetreide
Schnittlauch, Petersilie
Salz, Pfeffer

Gemüse waschen und putzen. Paprika in Streifen, Bleichsellerie und Fenchel in Stücke, Radieschen in Scheiben und Tomaten in Achtel schneiden und in 4 Salatschüsseln anrichten. Das Brot toasten, in Würfel schneiden und über den Salat geben. Mit Eischeiben garnieren. Aus Joghurt und Brottrunk ein Dressing zubereiten, mit Fermentgetreide, Kräutern und Gewürzen abschmecken und über den Salat geben.

Pro Person:
273 kcal (1.142 kJ)
17,6 g Eiweiß
9,3 g Fett
26,6 g Kohlenhydrate
(2,2 BE)

Pürierte Kräutersuppe

Für 4 Personen:
¹/₂ Knoblauchzehe
10 g Butter
1 EL Mehl
0,3 l Gemüsebrühe
   (Instant)
1 Tasse feingehackte
   frische Kräuter
   (Petersilie,
   Schnittlauch,
   Kerbel, Basilikum)
Salz
Pfeffer
1 Scheibe Weißbrot
1–2 TL Fermentgetreide

Pürierte Kräutersuppe

Knoblauchzehe fein hakken und in der heißen Butter andünsten. Das Mehl darüberstäuben und unter Rühren anschwitzen, mit der Gemüsebrühe ablöschen. Die Suppe aufkochen, einige Minuten ziehen lassen und dann mit dem Mixstab pürieren. Mit Salz und Pfeffer würzen. Weißbrot toasten und würfeln. Die Suppe mit Fermentgetreide abschmekken. Mit den Croutons bestreuen und mit Petersilienblättchen garnieren.

Pro Person:
268 kcal (1.121 kJ)
9,0 g Eiweiß
9,5 g Fett
35,6 g Kohlenhydrate

Süße Köstlichkeiten

Fermentgetreide-Konfekt mit Rübenkraut u. Honig

(ergibt 20 Kugeln)
70 g Honig
70 g Rübenkraut
120 g Fermentgetreide
1 EL Brottrunk
60 g gemahlene Haselnüsse
20 g Haferflocken
25 g gehobelte und geröstete Mandeln
25 g geh. Haselnüsse

Fermentgetreide mit Honig, Rübenkraut, den gemahlenen Haselnüssen und dem Brottrunk gut durchkneten und daraus 20 gleichgroße Kugeln formen. Die Kugeln in Haferflocken, gehobelten Mandeln und Haselnüssen wälzen.

Pro Kugel:
78 kcal (326 kJ)
1,6 g Eiweiß
3,5 g Fett
10,0 g Kohlenhydrate
(0,8 BE)

Fermentgetreide-Konfekt mit Kakaopulver

(ergibt 20 Kugeln)
140 g Honig
120 g Fermentgetreide
30 g gemahlene Haselnüsse
1 EL Brottrunk
20 g Kakaopulver
20 g Haferflocken
25 g gehobelte und geröstete Mandeln
25 g geh. Haselnüsse

Fermentgetreide mit den gemahlenen Haselnüssen, Honig, Brottrunk und dem Kakaopulver gut durchkneten und daraus 20 gleichgroße Kugeln formen. Die Kugeln in Haferflocken, gehobelten Mandeln und Haselnüssen wälzen.

Pro Kugel:
73 kcal (305 kJ)
1,6 g Eiweiß
2,7 g Fett
10,5 g Kohlenhydrate
(0,9 BE)

Bratapfel mit Quittenmus

1 säuerlicher Apfel
10 g Fermentgetreide
15 g gemahlene
  Haselnüsse
1 EL Brottrunk
2 TL Quittenmus
Zimt

Das Fermentgetreide in einer Schüssel mit den gemahlenen Haselnüssen und dem Brottrunk vermengen. Mit Quittenmus süßen und mit Zimt abschmecken. Apfel ausstechen, mit der Masse füllen und auf Backpapier setzen. Im vorgeheizten Ofen bei 180–200° C 12–15 Minuten backen.

Bratapfel mit Rübenkraut

1 säuerlicher Apfel
10 g Fermentgetreide
15 g gemahlene
  Haselnüsse
1 EL Brottrunk
1 TL Rübenkraut
Zimt

Das Fermentgetreide in einer Schüssel mit den gemahlenen Haselnüssen und dem Brottrunk vermengen. Mit Rübenkraut süßen und mit Zimt abschmecken. Apfel ausstechen, mit der Masse füllen und auf Backpapier setzen. Im vorgeheizten Ofen bei 180–200° C 12–15 Minuten backen.

Pro Person:
202 kcal (845 kJ)
2,9 g Eiweiß
10 g Fett
22,8 g Kohlenhydrate
(1,9 BE)

Pro Person:
221 kcal (927 kJ)
3,1 g Eiweiß
9,9 g Fett
27,9 g Kohlenhydrate
(2,3 BE)

Energieriegel

Energieriegel

Für 4 Personen:
125 g Fermentgetreide
125 g Honig
60 g Rübenkraut
0,1 l Brottrunk
50 g Hafer
   (aus dem Reform-
   haus oder Bioladen)
100 g kernige
   Haferflocken
40 g gemahlene
   Haselnüsse

Hafer 20 Minuten lang weichkochen. In einer Schüssel das Fermentgetreide mit dem Honig und Rübenkraut vermengen und den Brottrunk dazugeben. Den gekochten Hafer, 80 g Haferflocken und die gemahlenen Nüsse unterheben und alles gut durchkneten. Aus der Masse 12 Riegel à ca. 50 g formen, in den Haferflocken wälzen und auf Backpapier setzen. Im vorgeheizten Ofen bei 180–200° C 12–15 Minuten backen.

Pro Person:
434 kcal (1.816 kJ)
9,5 g Eiweiß
9,5 g Fett
77,1 g Kohlenhydrate
(6,4 BE)

Weitere gesunde Rezepte finden Sie bei der 5-Tage-Brottrunk-Kur ab Seite 92.

6. Gesünder abnehmen mit Brottrunk und Fermentgetreide

Vorsicht bei Crash-Diäten

Ein Blick in die Statistik zeigt: mehr als 40% der Deutschen haben Übergewicht. Die Gründe dafür liegen auf der Hand: wir essen zuviel und zu gut – vor allem zu fett – und wir bewegen uns zu wenig, um die aufgenommenen Kalorien wieder zu verbrennen. Die schwerwiegenden Folgen: Übergewicht. Es paßt nicht nur nicht in unser gängiges Schönheitsideal, Übergewicht kann auch eine ganze Reihe von Krankheiten auslösen: Herz-Kreislauf-Erkrankungen, Gicht, Diabetes mellitus, Magen-Darm-Probleme sowie andere ernährungsbedingte Krankheiten können durch Übergewicht mitverursacht werden.

Gegen die ungeliebten und gesundheitsgefährdenden Pfunde stehen zahlreiche Kuren und Diäten zur Verfügung. Ihr Erfolg ist jedoch oftmals zweifelhaft, weil bei einseitigen Diäten, die nicht von einer grundsätzlichen Ernährungsumstellung begleitet werden, das verlorene Gewicht nach Beendigung der Diät schnell wieder zugenommen wird. Dieser sogenannte »Jo-Jo-Effekt«[8] tritt ebenso bei vielen Crash-Diäten auf; extrem einseitige Kuren, die auf einen schnellen Gewichtsverlust spekulieren wie die »Eier-Diät«, die »Zitronen-Kur«, die »Schroth-Kur« oder die »Hollywood-Diät«. Diese klassischen Radikalkuren eignen sich nur kurzfristig zur Gewichtsabnahme.[9]

Die meisten Diäten sind einseitig und wirken nur kurzfristig

[8] *Lesen Sie auch den ausführlichen Artikel von Wolfgang Spiller über einseitige Diäten, »Der Jo-Jo-Effekt bei Diäten« im Fit fürs Leben-Magazin 3/1998*
[9] *Besonders die »Null-Diät« sollte nur unter ärztlicher Aufsicht durchgeführt werden*

89

Der Körper verliert zwar in den ersten Tagen viel Wasser; der Abbau von Fettgewebe, der für einen nachhaltigen Gewichtsverlust verantwortlich ist, findet dagegen nicht in dem notwendigen Umfang statt. Die Folge: Nach einer Crash-Diät nimmt man meist schnell wieder zu. Darüber hinaus ist durch die einseitige Ernährung eine Unterversorgung mit wichtigen Aufbaustoffen (Vitamine, Mineralstoffe) wahrscheinlich.

Nach einer Crash-Diät nimmt man meist schnell wieder zu

Statt nach einer Radikalkur wieder in die ungesunden Eßgewohnheiten zurückzuverfallen, ist es ratsam, eine Kur als Einstieg in eine gesündere Ernährungsweise zu nutzen. Nur so erreicht man das angestrebte Normalgewicht – und kann es auch auf Dauer halten.

Eine Diät, die gesund und schlank macht, sollte möglichst vollwertig sein: viel frisches Gemüse, Brot und natürlich fettreduzierte Milchprodukte. Diese Ernährung enthält alles, was unser Körper braucht: Vitamine, Mineralstoffe, Ballaststoffe, lebenswichtiges Eiweiß. Auf überflüssige Kalorien in Form von Zucker und Fett wird dabei weitgehend verzichtet.

Vollkornbrot gehört zu einer ausgewogenen Ernährung

Merkmale einer Erfolgsdiät

- Ausreichend Vitamine und Mineralstoffe zur Stärkung des Immunsystems
- Ausreichend Eiweiß für den Aufbau und Erhalt der Muskulatur
- Wenig Fett und Kalorien, um zügig abnehmen zu können
- Viel Abwechslung und Geschmack, damit die Diät nicht zum Frust wird
- Einfache Gerichte, die leicht und schnell zubereitet werden können

Die 5-Tage-Brottrunk-Kur

Mit der Brottrunk-Kur möchte ich Ihnen keine neue Diät vorschlagen, sondern ich habe hier für fünf Tage einen Speisenplan aufgestellt, der mit 1.200 Kalorien pro Tag eine Gewichtsreduktion herbeiführen kann und Ihnen den »Einstieg« in eine gesunde, vollwertige Ernährung erleichtert.

Denn wenn Sie fit und gesund bleiben wollen, müssen Sie nicht nur auf die Kalorien, sondern auch auf die Vitalstoffe achten, die Ihre Lebensmittel enthalten. Auch bei einer Gewichtsabnahme kommt es darauf an, den Körper ausreichend mit lebenswichtigen Vitaminen, Mineralstoffen und Spurenelementen zu versorgen. Unentbehrlich sind auch die für die Verdauung notwendigen Ballaststoffe, sowie Enzyme und Milchsäurebakterien, die für eine gesunde Darmflora sorgen. Viel frisches Gemüse, Kartoffeln und Brot bilden eine gute Basis für eine gesunde Ernährung.

Die Brottrunk-Kur verhilft Ihnen zu einer gesunden, vollwertigen Ernährung

I. Tag

1. Tag: Frühstück

1. Tag: Zwischenmahlzeit

Erdbeerquark mit Apfel-Brottrunk

100 g Erdbeeren
100 g Magerquark
1 Brötchen
0,15 l Brottrunk
0,1 l Apfelsaft

Erdbeeren waschen und putzen. Einige Früchte beiseitelegen, die restlichen Erdbeeren pürieren und mit 100 g Quark vermischen. Brötchen halbieren, die Hälften mit dem Erdbeerquark bestreichen und mit den restlichen Erdbeeren belegen. Brottrunk mit Apfelsaft mischen und gut gekühlt zu dem Frühstück servieren.

Pumpernickel mit Apfelquark

1 Scheibe Pumpernickel
¹/₂ Apfel
25 g Magerquark
3 Walnüsse

1 Scheibe Pumpernickel mit Quark bestreichen. Den Apfel in dünne Spalten schneiden und auf den Quark legen, mit gehackten Walnüssen bestreuen.

296 kcal (1.238 kJ)
20,2 g Eiweiß
1,8 g Fett
49,0 g Kohlenhydrate
(4,1 BE)

176 kcal (736 kJ)
7,8 g Eiweiß
4,1 g Fett
26,4 g Kohlenhydrate
(2,2 BE)

I. Tag

Fruchtiger Käsesalat

Fruchtiger Käsesalat

*150 g Obst nach Saison
(z.B. Äpfel, Birnen,
Trauben, Orangen)
2 EL Nüsse (Walnüsse
und Cashew-Kerne)
60 g Camembert
(30% F.i.Tr.)
50 g fettarmer Joghurt
Saft von $^1/_2$ Orange
1 Msp. Curry
1 Prise Zucker, Zimt*

Obst waschen, abtrocknen, putzen und in mundgerechte Stücke zerkleinern, Trauben halbieren, evtl. Kerne entfernen. Das Obst auf einem Teller anrichten, die Nüsse darüberstreuen. Camembert in mundgerechte Stücke schneiden und über den Salat verteilen. Für das Dressing Joghurt mit Orangensaft verrühren. Mit Curry, Zucker und Zimt pikant abschmecken.

351 kcal (1.467 kJ)
19,8 g Eiweiß
16,5 g Fett
29,0 g Kohlenhydrate
(2,4 BE)

1. Tag: Zwischenmahlzeit

I. Tag

Apfeljoghurt mit Zimt

*¹/₂ Apfel
(vom Vormittag)
100 g fettarmer
Joghurt
1 Msp. Zimt*

Apfel fein reiben, unter den Joghurt heben und mit Zimt abschmecken.

Apfeljoghurt mit Zimt

78 kcal (326 kJ)
3,6 g Eiweiß
1,9 g Fett
10,6 g Kohlenhydrate
(0,9 BE)

I. Tag

Pumpernickel mit Kräuterquark

Pumpernickel mit Ei und Kräuterquark

1 Scheibe Pumpernickel
1 Tomate
Salatblätter
1 hartgekochtes Ei
50 g Magerquark
Pfeffer
Meersalz
Schnittlauch
0,2 l Buttermilch
1/4 Beet Kresse
0,2 l Brottrunk

Tomate und Ei in Scheiben schneiden. Pumpernickelscheibe halbieren, eine Hälfte mit Tomaten- und Eischeiben und Salatblättern belegen, die zweite mit Magerquark bestreichen, würzen, mit Schnittlauchröllchen bestreuen. Buttermilch mit der feingehackten Kresse verquirlen.

1. Tag gesamt:
1.212 kcal (5.068 kJ)
79,6 g Eiweiß
32,0 g Fett
123,5 g Kohlenhydrate
(12,0 BE)

311 kcal (1.301 kJ)
28,2 g Eiweiß
7,7 g Fett
8,5 g Kohlenhydrate
(2,4 BE)

2. Tag

2. Tag: Frühstück

**Haferflocken mit
Trockenfrüchten**

*5 EL Haferflocken
50 g Trockenfrüchte
  (z.B. Aprikosen,
  Feigen,
  Datteln,
  Zwetschgen,
  Äpfel)
2 TL Fermentgetreide
0,1 l Buttermilch
1 TL Pistazien
0,2 l Brottrunk*

Haferflocken mit Trockenfrüchten

Trockenfrüchte klein-schneiden und mit den Haferflocken und dem Fermentgetreide vermischen. Die Buttermilch über das Müsli geben, mit gehackten Pistazien bestreuen und kurz durchziehen lassen. Dazu Brottrunk servieren.

363 kcal (1.519 kJ)
14,0 g Eiweiß
3,7 g Fett
64,7 g Kohlenhydrate
(5,4 BE)

97

2. Tag

Enzym-Verdauungs-Drinks

Enzym-Verdauungs-Drink

0,1 l Brottrunk
0,1 l Gemüsesaft
2 TL Fermentgetreide

Brottrunk mit Gemüsesaft und Fermentgetreide gut verquirlen und kühl trinken.

64 kcal (268 kJ)
2,6 g Eiweiß
0,2 g Fett
11,2 g Kohlenhydrate
(0,9 BE)

2. Tag

2. Tag: Mittagessen

Ofenkartoffeln mit Basilikum-Tomaten-Füllung

2 mittelgroße Kartof-
feln (ca. 250 g)
1 Fleischtomate
(ca. 180 g)
1 Knoblauchzehe
1 EL frisch gehacktes
Basilikum
Meersalz, Pfeffer
1 TL Speise-Leinöl
30 g Edamer
(30% F.i.Tr.)

Überbackene Kartoffeln

Kartoffeln garen, pellen und halbieren. Tomate mit heißem Wasser über-brühen, enthäuten und würfeln. Knoblauchzehe zer-drücken. Kartoffelhälften mit einem Löffel etwas aus-höhlen und die entnommene Kartoffelmasse zerdrücken, mit den Tomatenwürfeln, Knoblauch, Öl, Kräutern und Gewürzen mischen. Die Masse in die Kartoffelhälften fül-len, den Käse darüberge-ben und im vorgeheizten Backofen bei 200° C über-backen bis der Käse zer-läuft.

323 kcal (1.351 kJ)
14 g Eiweiß
10 g Fett
41,7 g Kohlenhydrate
(3,5 BE)

99

2. Tag

2. Tag: Zwischenmahlzeit

Käsebrot

1 Scheibe Pumpernickel
30 g leichter Camembert (30% F.i.Tr.)
0,2 l Brottrunk

Camembert in Scheiben schneiden und das Pumpernickel damit belegen. Dazu Brottrunk reichen.

2. Tag: Abendessen

Pikante Brote mit Kassler

1 Scheibe Pumpernickel
10 g Landrahm
50 g mageres Kassler oder Rindersaftschinken
1 Stück Gurke
Radieschen
Petersilie
1 Ei
0,2 l Brottrunk

Pumpernickel mit Landrahm bestreichen und mit Schinken belegen. Mit Gurkenscheiben, Radieschen, Petersilie und einem gekochten Ei servieren. Dazu Brottrunk reichen.

---

2. Tag gesamt:
1.196 kcal (5.004 kJ)
66,7 g Eiweiß
29,7 g Fett
157,5 g Kohlenhydrate
(13,2 BE)

171 kcal (715 kJ)
12,8 g Eiweiß
4,4 g Fett
18,7 g Kohlenhydrate
(1,6 BE)

275 kcal (1.151 kJ)
23,3 g Eiweiß
11,4 g Fett
21,2 g Kohlenhydrate
(1,8 BE)

3. Tag

Apfel-Trauben-Müsli mit Fermentgetreide

Apfel-Trauben-Müsli mit Fermentgetreide

1 kleiner Apfel
100 g Trauben
einige rote Johannis-
*   beeren (frisch*
*   oder tiefgekühlt)*
30 g kernige
*   Haferflocken*
2 TL Fermentgetreide
100 g fettarmer Joghurt
0,2 l Brottrunk

Apfel vierteln und in Spalten schneiden, Trauben halbieren, dabei die Kerne entfernen. Johannisbeeren waschen. Haferflocken und Fermentgetreide mischen und unter das Obst heben. Joghurt cremig rühren und darübergießen. Dazu ein Glas Brottrunk servieren.

338 kcal (1.414 kJ)
11,6 g Eiweiß
5,2 g Fett
56,7 g Kohlenhydrate
(4,7 BE)

3. Tag

3. Tag: Zwischenmahlzeit

Brottrunk mit Johannisbeer-Nektar

*0,1 l Brottrunk
0,1 l roter Johannis-
beer-Nektar
Mineralwasser
einige Johannisbeeren*

Brottrunk mit Johannis-
beer-Nektar verrühren, in
ein Kelchglas füllen und
mit Mineralwasser auffül-
len. Mit Johannisbeeren de-
korieren.

Vitamindrinks mit Brottrunk

58 kcal (243 kJ)
1,5 g Eiweiß
13,2 g Kohlenhydrate
(1,1 BE)

3. Tag

Korkzieher-Nudeln mit Filet

Korkzieher-Nudeln mit Filet

100g Rinderfilet
1 EL Sojasauce
2 EL Sherry
¹/₂ Stange Lauch
100 g Egerlinge oder
Chamignons
40 g »Korkenzieher«
2 TL Sonenblumenöl
5 EL Weißwein
Salz, Salz, Pfeffer,
Ingwer, Schnittlauch

Rinderfilet in hauchdünne Scheiben schneiden und in der Sojasauce und dem Sherry 20 Min. marinieren. Inzwischen den Lauch waschen, putzen, längs vierteln und in 2 cm lange Streifen, die geputzten Pilze in Scheiben schneiden. Nudeln in Salzwasser kochen, abgießen, abschrecken. Inzwischen die Filetscheiben pfeffern, in heißem Öl kräftig anbraten, salzen, anschließend aus der Pfanne nehmen und warmstellen. Lauch und Pilze knackig anbraten, mit Wein ablöschen. Filetscheiben zugeben, würzen, auf den Nudeln anrichten, mit Schnittlauch garnieren.

368 kcal (1.540 kJ)
32,0 g Eiweiß
11,2 g Fett
33,3 g Kohlenhydrate
(2,8 BE)

104

3. Tag: Zwischenmahlzeit

3. Tag

Brottrunk mit Pfirsichnektar

0,1 l Brottrunk
0,1 l Pfirsichnektar

Brottrunk mit Pfirsichnektar mischen. Gut gekühlt in einem Kelchglas servieren.

Brottrunk mit Pfirsichnektar

77 kcal (322 kJ)
1,6 g Eiweiß
0,1 g Fett
16,1 g Kohlenhydrate
(1,3 BE)

3. Tag

Bohnen-Käse-Salat

Bohnen-Käse-Salat

100 g grüne Bohnen
1 Tomate
1 kleine Zwiebel
60 g Camembert
(30% F.i.Tr.)
2 EL Mais (40 g)
10 g magerer Speck
40 g Sauerrahm
2 EL fettarme Milch
1–2 Knoblauchzehen
Salz, weißer Pfeffer
$^1/_2$ Scheibe Pumpnickel

Die Bohnen in wenig Salzwasser bißfest garen, abtropfen und auskühlen lassen. Tomate halbieren und in dünne Spalten schneiden. Die Zwiebel würfeln. Den Camembert in mundgerechte Stücke schneiden. Die Zutaten und die Maiskörner vorsichtig vermischen. Den Speck würfeln, in einer beschichteten Pfanne kurz anbraten und über den Salat verteilen. Für das Dressing Sauerrahm mit Milch cremig rühren, mit Pfeffer, Salz und etwas frisch gepreßtem Knoblauch pikant abschmecken und über den Salat geben. Dazu $^1/_2$ Scheibe Pumpernickel essen.

3. Tag gesamt:
1.226 kcal (5.130 kJ)
69,8 g Eiweiß
35,5 g Fett
147,3 g Kohlenhydrate
(12,2 BE)

385 kcal (1.611 kJ)
23,1 g Eiweiß
19,0 g Fett
28,0 g Kohlenhydrate
(2,3 BE)

4. Tag

4. Tag: Frühstück

Pikantes Frühstück

1 Scheibe Pumper-
*   nickel*
50 g Quark (0,2% Fett)
$^1/_4$ Beet Kresse
Pfeffer
Salz
1 Tomate
1 gekochtes Ei
0,1 l Brottrunk
0,1 l Apfelsaft

Frühstück pikant

Die feingehackte Kresse mit dem Quark verrühren, mit Pfeffer und Salz abschmecken und auf dem Brot verteilen. Mit Tomatenvierteln garnieren und mit dem Ei servieren. Brottrunk mit Apfelsaft mischen, dazu trinken.

283 kcal (1.184 kJ)
17,5 g Eiweiß
7,2 g Fett
36,1 g Kohlenhydrate
(3,0 BE)

4. Tag

Gemüse-Buttermilch mit Brottrunk

0,1 l Buttermilch
0,1 l Brottrunk
0,1 l Gemüsesaft
2 TL Fermentgetreide
Pfeffer
Salz
Knoblauch

Buttermilch mit Fermentgetreide, Brottrunk und Gemüsesaft gut verquirlen. Mit Pfeffer, Salz und Knoblauch pikant abschmecken.

Gemüse-Buttermilch

99 kcal (414 kJ)
6,0 g Eiweiß
0,7 g Fett
15,2 g Kohlenhydrate
(1,3 BE)

4. Tag

4. Tag: Mittagessen

Gemüseeintopf

200 g Weißkohl
1 Möhre
100 g Kartoffel
1 Stange Lauch
1 Zwiebel
1 EL Speiseöl
0,2 l Gemüsebrühe
2 TL Fermentgetreide
Pfeffer, Salz
Petersilie
1 Scheibe Pumpernickel

Gemüseeintopf

Das Gemüse je nach Sorte putzen bzw. schälen. In Scheiben, Streifen oder Würfel schneiden. Zwiebel und Lauch in heißem Öl kurz andünsten, dann das andere Gemüse zugeben, mit Brühe übergießen. Zum Kochen bringen, dann bei kleiner Wärmestufe und geschlossenem Topf ca. 15 Minuten garen. Pfeffern und salzen, mit Fermentgetreide abschmecken und mit Petersilie bestreut anrichten. Dazu eine Scheibe Pumpernickel essen.

403 kcal (1.686 kJ)
12,7 g Eiweiß
12,7 g Fett
59,4 g Kohlenhydrate
(4,9 BE)

4. Tag

Zwei Fitneßdrinks mit Brottrunk

4. Tag: Zwischenmahlzeit

**Fitneßdrink
»Tomato-Joe«**

*0,1 l Tomatensaft
0,1 l Brottrunk
Schnittlauchröllchen*

Tomatensaft mit Brottrunk und eventuell mit Schnittlauchröllchen verquirlen. Gut gekühlt servieren.

25 kcal (105 kJ)
1,9 g Eiweiß
0,1 g Fett
3,0 g Kohlenhydrate
(0,3 BE)

4. Tag

4. Tag: Abendessen

**Matjessalat mit
Pellkartoffeln**

*200 g Kartoffeln
1 Matjesfilet nord. Art
1 Gewürzgurke
¹/₂ säuerlicher Apfel
1 kleine Zwiebel
1 TL Kapern
100 g Joghurt
2 EL Brottrunk
1 Msp. Senf
Meersalz
1 TL Fermentgetreide*

Matjessalat mit Pellkartoffeln

Den Matjes abtropfen lassen und in mundgerechte Stükke schneiden. Die Gurke halbieren und dann in Scheiben schneiden. Die Apfelhälfte in dünne Spalten teilen. Die Zwiebel schälen und in feine Streifen schneiden. Alles mischen, und die Kapern unterheben. Joghurt mit Brottrunk, Senf und Meersalz verrühren, mit Fermentgetreide abschmecken und unter den Matjessalat heben. Gut durchziehen lassen. Inzwischen die Kartoffeln gründlich waschen, mit der Schale in etwas Salzwasser als Pellkartoffeln zubereiten und mit dem Matjessalat servieren.

398 kcal (1.665 kJ)
17,9 g Eiweiß
15,4 g Fett
45,1 g Kohlenhydrate
(3,8 BE)

4. Tag gesamt:
1.208 kcal (5.054 kJ)
56,0 g Eiweiß
36,1 g Fett
158,8 g Kohlenhydrate
(13,3 BE)

5. Tag

Westfälisches Frühstück

Westfälisches Frühstück

*1 Scheibe Pumper-
   nickel
1–2 EL Haferflocken
1 EL Zucker
2 TL Fermentgetreide
200 g Kompottobst
100 g fettarme
   Dickmilch
1 TL Rübenkraut
0,2 l Brottrunk*

Pumpernickel zerbröseln und mit Haferflocken und dem Zucker in einer Pfanne anrösten, bis der Zucker karamelisiert. Abkühlen lassen, in einen tiefen Teller geben und das Fermentgetreide darüberstreuen. Die Dickmilch cremig rühren und darübergießen. Das Kompottobst zugeben und leicht unterheben. Kurz durchziehen lassen und mit etwas Rübenkraut süßen. Dazu Brottrunk servieren.

351 kcal (1.469 kJ)
12,5 g Eiweiß
3,2 g Fett
66,4 g Kohlenhydrate
(5,5 BE)

5. Tag: Zwischenmahlzeit

5. Tag

Bananen-Flip

¹/₂ Banane
0,1 l Buttermilch
0,1 l Brottrunk
1 TL Fermentgetreide
Zimt

Banane kleinschneiden, mit Buttermilch, Brottrunk und Fermentgetreide im Mixer gut verquirlen und mit Zimt abschmecken.

Bananen-Flip

116 kcal (485 kJ)
5,8 g Eiweiß
0,8 g Fett
20,5 g Kohlenhydrate
(1,7 BE)

5. Tag

Gemüsesuppe mit Hafer

5. Tag: Mittagessen

Gemüsesuppe mit Hafer

40 g Hafer
0,3 l Gemüsebrühe
1 kleine Zwiebel
1 Stange Porree
2 Möhren
1 TL Öl
Selleriesalz, Pfeffer
2 TL Fermentgetreide

Hafer mit Gemüsebrühe aufsetzen, zum Kochen bringen und eine halbe Stunde köcheln lassen. Inzwischen die Zwiebel schälen und fein würfeln. Porree in Scheiben, die Möhren in Würfel schneiden. Öl erhitzen und die Zwiebelwürfel glasig dünsten. Das Gemüse zugeben, kurz mitdünsten. Die Gemüsebrühe mit dem Hafer zugeben und alles nochmals 10 Minuten kochen lassen. Würzen und mit Fermentgetreide abschmecken.

297 kcal (1.243 kJ)
12,9 g Eiweiß
6,9 g Fett
44,2 g Kohlenhydrate
(3,7 BE)

5. Tag

5. Tag: Zwischenmahlzeit

**Brottrunk mit
Pumpernickel-Joghurt**

*150 g fettarmer
   Joghurt
0,1 l Brottrunk
¹/₂ Scheibe Pumper-
   nickel
2 TL Zucker*

Pumpernickel zerbröseln,
mit Zucker bestreuen und
in einer Pfanne anrösten.
Inzwischen den Joghurt
mit dem Brottrunk verquirlen. Das geröstete Pumpernickel unterheben und
kurz durchziehen lassen.

Brottrunk mit Pumpernickel-Joghurt

144 kcal (602 kJ)
7,9 g Eiweiß
2,5 g Fett
21,4 g Kohlenhydrate
(1,8 BE)

115

5. Tag

Kressequark mit Fermentgetreide

Kressequark mit Fermentgetreide

*¹/₄ Beet Kresse
1 Salzgurke
einige Radieschen
1 geh. EL Fermentgetreide
1 EL Brottrunk
100 g Quark (20% Fett)
Salz
Paprika
weißer Pfeffer
2 Scheiben Pumpernickel
0,2 l Brottrunk*

Kresse und Radieschen waschen. Kresse kleinhacken; Gurke und Radieschen fein würfeln. Mit Fermentgetreide, Brottrunk und dem Quark verrühren und anschließend mit den Gewürzen abschmecken. Dazu eine Scheibe Pumpernickel essen und ein Glas Brottrunk trinken.

5. Tag gesamt:
1.242 kcal (5.196 kJ)
60,8 g Eiweiß
20,1 g Fett
197,8 g Kohlenhydrate
(16,5 BE)

334 kcal (1.397 kJ)
21,7 g Eiweiß
6,7 g Fett
45,3 g Kohlenhydrate
(3,8 BE)

- Sollten Sie während der Kur Appetit verspüren, trinken Sie einfach ein Glas Brottrunk; das fördert zudem noch die Verdauung
- Ein Teelöffel Fermentgetreide täglich, den Sie als Streuwürze zum Salat oder in den Joghurt tun, bietet Ihnen eine Fülle an Vitaminen, Mineralien und Spurenelementen in natürlicher Form
- Trinken Sie bis zu 3 Liter täglich Mineralwasser und Brottrunk, um beim Abnehmen das Stoffwechselsystem (Leber, Niere, Haut) Ihres Körpers zu entlasten.
- Verwenden Sie möglichst Nahrungsmittel aus biologischem Anbau und artgerechter Tierhaltung
- Bürsten Sie Ihren Körper täglich nach dem Duschen (nach Kneipp) mit einer Massagebürste und reiben Sie Ihre Haut anschließend mit Brottrunk ab

Bessere Fitneß durch Bewegung

Um die Dauerhaftigkeit ihrer Bemühungen um eine gesunde Ernährung zu unterstützen, möchte ich Ihnen ein Bewegungsprogramm vorstellen, das Sie täglich nur eine Viertelstunde Zeit kosten wird. Es ist eine wirkungsvolle Kombination der asiatischen Energielehre **(Chakren)**, dem **indianischen Grounding** und einer amerikanischen Bewegungslehre, dem **Stretching.**

Zu einer gesunden Ernährung gehört auch die richtige Bewegung

Sie sollten bei den Übungen die sogenannte Rechteckatmung (Einatmen, kurze Pause, Ausatmen, kurze Pause usw.) einsetzen.

117

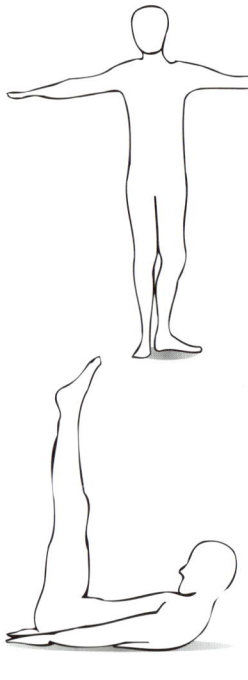

1. Übung (Grounding)

Füße parallel zu den Hüften gerade ausrichten - Knie leicht gebeugt - Hände locker an den Seiten - ca. 3 Minuten stehen. Dabei werden die Energiebahnen freigesetzt, die Energie kann jetzt fließen

2. Übung (Chakra)

Hinstellen - Arme vom Körper abwinkeln - dreimal um die eigene Achse drehen

3. Übung (Chakra)

Hinlegen - Hände unter das Gesäß - gleichzeitig Kopf und Beine heben - Übung dreimal wiederholen

4. Übung (Chakra)

Hinknien - Zehen aufstellen - Hände auf das Gesäß und Kinn auf die Brust legen - langsam den Kopf in den Nacken legen, und die Hüfte nach vorne schieben - Übung dreimal wiederholen

5. Übung (Chakra)

Aufrecht ninsetzen - Körper zu einer Brücke anheben - Übung dreimal wiederholen

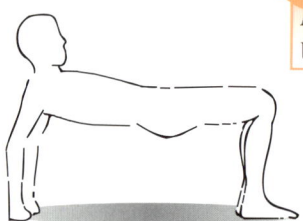

6. Übung (Chakra)

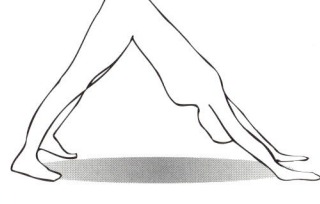

Auf den Bauch legen – Hände und Füße aufstützen, dabei das Becken anheben (Dreieckstellung) – Übung dreimal wiederholen

7. Übung (Stretching)

Mit den Händen an der Wand abstützen – ein Bein gerade nach hinten strecken – das andere Bein angewinkelt vor die Wand stellen – jetzt den Wadenmuskel langsam dehnen und ca. 10 Sekunden halten. Im Wechsel dreimal jedes Bein dehnen

8. Übung (Stretching)

Mit einer Hand an der Wand abstützen – rechten Fuß fassen und Bein nach hinten anwinkeln – dabei den Oberschenkel aufrechthalten – jetzt den Oberschenkelmuskel langsam dehnen und ca. 10 Sekunden halten. Im Wechsel dreimal jedes Bein dehnen

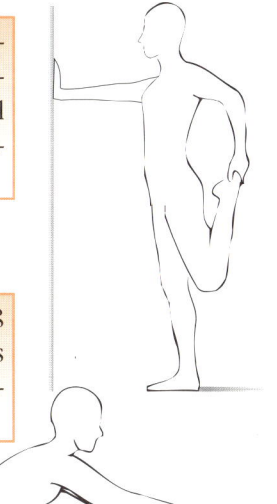

9. Übung (Stretching)

Auf den Boden setzen und mit beiden Händen einen Fuß fassen – Muskeln des Beines durch Heranziehen des Fußes langsam dehnen und ca. 10 Sek. halten. Im Wechsel dreimal jedes Bein dehnen

10. Übung (Stretching)

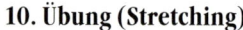

In den Winkel eines Raumes stellen und mit angewinkelten Armen an den Wänden abstützen – Oberkörper langsam nach vorne beugen – Brust- und Armmuskulatur langsam dehnen und ca. 10 Sekunden halten. Dreimal wiederholen

Tip

- Ihr Organismus erlaubt nur eine allmähliche Anpassung, also üben Sie sich in Geduld und Gelassenheit
- Ihre Kleidung soll locker, bequem und elastisch sein
- Führen Sie die Dehnübungen ruhig und locker aus
- Richten Sie das Ausmaß der Übungen an Ihren Bedürfnissen aus
- Gehen Sie nie bis an Ihre Schmerzgrenze – nie federn, zerren oder wippen
- Ihre Atmung ist immer bewußt, kontrolliert und gleichmäßig in Rechteckform

fit fürs Leben

Wissenschaftliche Studien mit Brottrunk

Dr. Uwe Hofmann, Untersuchungen im Weinanbau, 1994–95

Hygieneinstitut Gelsenkirchen, Wasseruntersuchungen, 1994–95

Dr. rer. nat. G. Ionescu, Untersuchungen mit milchsäure-
haltigem Präparat, Abbau pathogener Keime, 1992

Dr. med. Kuno Knopp, Gynäkologe, ca. dreijährige Erfahrungen in der Praxis mit Brottrunk, 1990

Dr. Ivan Lesetschko, Abbau von Cäsium 137, Weißrußland, 1990

Prof. Dr. med. Dr. med. habil Fritz Matzkies, Wirkung eines
lactathaltigen Getränkes aus fermentierten Getreiden auf
den Stoffwechsel des Menschen, 1987

Prof. Dr. med. Ronald Grossarth-Maticek, Häufigkeit von
Grippe und Erkältungskrankheiten bei Einnahme eines
milchsäurehaltigen Getränkes, 1990. Die Wirkung von
Milchsäuregetränken auf seelisches Befinden und Gesundheit, 1991. Die Wirkung von milchsäurehaltigen Produkten
bei seelisch-körperlicher Erschöpfung, chronischer Gastritis,
Muskelschmerz und Sehnenentzündung

Dr. Udo Renzenbrink, Ärztliche Erfahrungen mit Brottrunk
und Fermentgetreide, Ernährungsforschung Bad Liebenzell,
1981–82

Dr. med. Peter Scholz, Psoriasis-Studie, Auswertung Langzeitstu-
die über 5jährige Anwendung des Brottrunks, 1994–95

Dr. Gerald Schütz, Ergebnisse der bisher durchgeführten Versu-
che zur Anwendung von flüssigem Ferment bei der Sanierung
kontaminierter Böden und Schlämme, Abbau von Lindan

Dr. A. Tammer, dreimonatiger Feldversuch in der Milchvieh-
fütterung, 1990. Sechsmonatiger Feldversuch in der Pferde-
fütterung, 1990

Dr. med. Michael Worlitschek, Allgemeinarzt, ca. dreijährige
Erfahrungen in der Praxis mit Brottrunk, 1990

Dr. Gerald Schütz, Dr. Ulrich Wöstmann, Voruntersuchung
zur Sanierung ölkontaminierten Bodens mit Fermentgetreide,
Abbau aliphatischer Kohlenwasserstoffe, 1991

Stichwortverzeichnis

Literaturverzeichnis

Bragg, Paul, Patricia Bragg, »Wunder des Fastens.
Fitness und Jugend durch individuell richtiges Fasten«,
Fit fürs Leben-Verlag

Eschmann, Nicole, Devanando Weise, »Sanfte Darmreinigung zu Hause. Mit Ayurveda zu neuem Wohlbefinden«, Fit fürs Leben-Verlag

Schultz-Wittner, Thomas (Hg.), »Das Buch der ganzheitlichen Darmsanierung. Gesund durch Colon-
Hydro-Therapie«, Fit fürs Leben-Verlag

Spiller, Wolfgang, »Lebensaktive Enzyme. Das Powerprinzip der Gesundheit«, Fit fürs Leben-Verlag

Spiller, Wolfgang, »Der Jo-Jo-Effekt bei Diäten«,
Fit fürs Leben-Magazin 3/1998

Storm, Gernot-Rainer, »Diabetes von Kindheit an.
Ein Ratgeber für Eltern und Betroffene«, Fit fürs
Leben-Verlag

Über den Autor

Dr. med. Peter Scholz ist praktischer Arzt und Mitglied im Zentralverband der Ärzte für Naturheilverfahren. Seit 10 Jahren führt er Studien über die Heilkraft von Brottrunk durch und hat Therapien mit Brottrunk entwickelt.

Dr. Scholz hält Vorträge und Seminare an Volkshochschulen und vor Kneipp-Vereinen und hat Beiträge für das Fernsehen erstellt.

Dr. med. Peter Scholz

fit fürs Leben Verlag

Lebensaktive Enzyme

Das Power-Prinzip der Gesundheit

fit fürs Leben Verlag

Enzyme sind die Zündfunken des Lebens. Ohne diese »Reaktionsbeschleuniger« wäre kein Leben möglich. Kein Vorgang unseres Organismus kommt ohne die lebensaktive Unterstützung von Enzymen aus.

Der Heilpraktiker *Wolfgang Spiller* beschreibt anschaulich, warum Enzyme so lebensnotwendig für den menschlichen Organismus sind und welche Lebensmittel uns am besten mit Enzymen versorgen..

»Lebensaktive Enzyme« gibt wertvolle Tips zur Auswahl von enzymgeladenen Lebensmitteln und stellt Kuren zur Entgiftung sowie zur Regeneration eines geschädigten Enzymhaushalts vor.

Darüber hinaus gibt *Wolfgang Spiller* praktische Hinweise für das Fasten mit Enzymen. Ein übersichtlicher Tagesplan hilft bei der Durchführung der Fastenkur.

128 Seiten, kartoniert ISBN 3-89526-025-8

Das erste Buch in deutscher Sprache, das über die älteste organische, nichtbehandelte Mikronahrung berichtet: über die blaugrünen Uralgen aus dem Klamath Lake in Oregon. Sie erfahren, wie Sie mit Hilfe der blaugrünen Kraft des Lebens Ihre mentale Fitness steigern, Ihr körperliches Wohlbefinden festigen, Ihr Immunsystem stärken und Ihre Ziele leichter erreichen können.

Außerdem lernen Sie eines der letzten Naturgebiete der Erde kennen: den Crater Lake Nationalpark, der unterirdisch die vielen Bäche und Quellen speist, die den Klamath Lake füllen. Dieses energetische Wasser bringt aus vulkanischen Tiefen die wichtigsten Mineralstoffe und Spurenelemente mit sich, welche die blaugrünen Mikroorganismen zur energiereichen Kraft und reinsten Nahrung machen.

128 Seiten, kartoniert ISBN 3-89526-013-4

Blaugrüne Algen

Supernahrung für Körper und Geist

fit fürs Leben Verlag

Licht schenkt Leben

Lebensenergie und Gesundheit durch richtiges Licht

fit fürs Leben Verlag

Licht ist die eigentliche Quelle für alles Leben auf der Erde; es ist die Kraft, die das Leben in Gang setzt und die Energiequelle, die es aufrechterhält. Auch im Zeitalter des Ozonlochs und der schädigenden Sonneneinstrahlung gibt es Möglichkeiten, Körper und Seele mit gesundem Licht zu versorgen.

Das informative Buch der Medizin-Journalistin Elke Brandmayer und dem Naturheilarzt *Dr. med. Bodo Köhler* beschreibt ausführlich die Einflüsse, die Licht auf unsere Gesundheit hat sowie die heilende Wirkung von natürlichem und sonnenlichtanalogem Licht. Anhand einiger weitverbreiteter Krankheiten wie Asthma, Osteoporose, Diabetes und anderen gesundheitlichen Beeinträchtigungen, stellen die Autoren die therapeutischen Möglichkeiten mit sonnenlichtanalogem Licht vor.

128 Seiten, kartoniert ISBN 3-89526-011-8

Erhältlich in jeder Buchhandlung. Fordern Sie unser Gesamtverzeichnis an:
Stendorfer Straße 3 · 27721 Ritterhude · Tel. 04292 - 816344 · Fax 04292 - 816329

fit fürs Leben Verlag

Wunder des Fastens

Fitness und Jugend durch individuell richtiges Fasten

Dr. Paul C. Bragg und *Dr. Patricia Bragg* schildern in ihrem »Fasten-Klassiker«, wie jeder Fasteninteressierte seine individuelle Fastendauer herausfinden kann. Durch ihre praxisnahen Anleitungen für kürzere und längere Fastenkuren erleichtern sie auch den Menschen den Einstieg, die sich das Fasten bisher noch nicht zugetraut haben.

Das ganzheitliche Fasten-Programm von *Paul* und *Patricia Bragg* befaßt sich mit dem gesamten Menschen – der Seele, dem Geist und dem Körper. »Wunder des Fastens« liegt jetzt in einer vom Gesundheitspraktiker *Dierk Hüllenhagen* überarbeiteten Ausgabe vor. *Dierk Hüllenhagen* hat auf seinen Fasten-Seminaren zahlreiche Fastende nach dem Bragg-Programm betreut und schildert, welche Probleme während des Fastens auftreten und wie sie bewältigt werden können.

176 Seiten, kartoniert ISBN 3-89526-022-3

Das Blut organisiert den gesamten Stoffwechsel des Körpers. Es ist Transport- und Ausgleichsmedium – ein lebendiger Strom, der unseren Körper versorgt und reinigt. Blut ist jedoch kein keimfreies Serum, sondern ist Träger verschiedenster Mikroorganismen, die normalerweise in friedlichem Miteinander leben. Doch eine Übersäuerung des Blutes, hervorgerufen u.a. durch Ernährungsfehler und Streß, kann das empfindliche Milieu stören und zur Verpilzung führen. Viele Zivilisationskrankheiten nehmen so ihren Anfang. Eine Blutreinigung, wie sie Dr. Orth beschreibt, kann hier lebensrettend sein. Er schildert in dem Buch »Lebenssaft reines Blut. Vorbeugung von Übersäuerung und Verpilzung« die zerstörende Wirkung von »zähem Blut auf die Gesundheit und beschreibt verschiedene Therapien zur Reinigung des Blutes.

128 Seiten, kartoniert ISBN 3-89526-021-5

Lebenssaft reines Blut

Vorbeugung von Übersäuerung und Verpilzung

Grünes Geld

Vor 10 Jahren war das Thema der ökologischen Geldanlage nur wenigen Umweltbewegten ein Begriff, doch inzwischen ist daraus ein Milliardenmarkt geworden. Zu fast jedem Geldanlageprodukt gibt es heutzutage eine »grüne« Alternative: Ökosparbücher, Umweltaktien, Öko-Lebensversicherungen etc. Immer mehr Menschen möchten sichergehen, daß sie mit ihren Ersparnissen keine Atomkraftwerke oder Rüstungsgüter finanzieren. Max Deml, seit 1991 Chefredakteur des Informationsdienstes ÖKO-INVEST, und Dr. Jörg Baumgarten geben in ihrem Anlage-Ratgeber auf über 300 Seiten einen aktuellen und umfassenden Überblick über nahezu alle Öko-Investment-Möglichkeiten. Ein ausführlicher Serviceteil erleichtert es, eine maßgeschneiderte Anlage-Lösung für jeden Geldbeutel zu finden.

320 Seiten, kartoniert ISBN 3-89526-017-7

Erhältlich in jeder Buchhandlung. Fordern Sie unser Gesamtverzeichnis an:
Stendorfer Straße 3 · 27721 Ritterhude · Tel. 04292 - 816344 · Fax 04292 - 816329